未来への遺言

いま戦争を語らなきゃいけない

前田浩智
砂間裕之

晶文社

装幀デザイン：うちきばがんた
カバー写真：うちきばがんた
本文デザイン：ザ・ライトスタッフオフィス

未来への遺言

いま戦争を語らなきゃいけない

はじめに

昨年12月に公開された映画『あの花が咲く丘で、君とまた出会えたら。』は、若い世代にも好評だった。現代に生きる高校生が、終戦直前の1945年6月にタイムスリップし、偶然出会った特攻隊員との淡い恋を描いた。人を愛する心は変わらないのに、戦争という異常な状況のもと、国のために命を捧げようとする特攻隊員の思いは、令和の今とまるで違う。スクリーンには、戦争の愚かさがにじみ、もどかしいやり取りが涙を誘う。

戦後80年を2025年に控え、戦争体験の継承が大きな課題になっている。戦争を知らない世代が9割近くになり、どうすれば自分ごととして考えてもらえるか、そして後世に伝えていけるのか。明確な答えは見つからないが、この映画を観て「戦争の疑似体験」が次代につなぐ方法の一つになるのではないかと改めて感じた。

毎日新聞とTBSテレビは、2014年から「千の証言」という戦後70年の共同企画に取り組んだ。国民から見た戦争の真実を知ってもらい、若い人たちにも他人事ではなく平和の尊さをかみしめてほしいとの願いだった。それまで語られることのなかった数多くの証言が集まり、埋もれた一人ひとりの戦争史に焦点をあてて、新聞記事や連載、ドキュメンタリー番組として発信した。寄せられた投書やメールは予想をはるかに超える１６００通に達した。

忘れられない投書がある。１９４４（昭和19）年秋のお月見の思い出をつづった神戸市の淀井静子さんからのはがきである。久しぶりに家に戻ってきた父の前で、妹とお気に入りの「ゆりかごの唄」を手をつないで歌ったが、翌朝、家を出た父は激戦地で死亡し、二度と戻らなかったという。楽しいひと時が悲しい思い出に変わり、当たり前の日常が当たり前ではなくなる。大切な家族がある日突然奪われる――。それが戦争の本質だろう。淀井さんの話を聞きながら、お月見の情景がくっきりと浮かんだ。映画『あの花――』ではないが、戦時下にタイムスリップした感覚にとらわれ、何気ない暮らしの一コマに胸がこみ上げた。

この話を含め、毎日新聞は２０１６年2月から9月にかけて「証言でつづる戦争」という「千の証言」の関連企画を63回にわたり連載。2・26事件から終戦に至るまで、証言や日記などをもとに戦争の裏側を描いた。読者にはその場に居合わせた方の証言を通してあの時代を「疑似体験」してもらい、教科書では学べない真の戦争を肌で感じてほしかった。

しかし、戦争証言は時間との闘いでもある。経験者は年々減っており、貴重な話を聞ける時間はあまり残されていない。実際、連載の取材でお世話になった約80人のうち、少なくとも18人の方が亡くなり、約20人とは連絡が取れなかった。取材から約9年。戦争を語り継ぐには、時間の壁が立ちはだかる。

証言者の一人で亡くなるまで語り部活動を続けた瀧本邦慶さんの遺族はこう言う。「義父は5年前に亡くなりましたが、戦争の真実を語り続けた義父の『遺言』が（本書で）少しでも分かっていただけたらうれしいです」。戦争証言は子孫へ真実を伝える「遺言」なのである。本書のタイトルには、そうした思いを込めた。

「記憶の継承」は、二度と戦争を起こさないという土台（意識）を築き直すことでもある。とりわけ若い世代に向けてである。手立てはあるのか。本書のコンセプトや内容を詰める際、「本当の戦争を若年層に知ってもらうことが最も大事。若者たちは決して興味がないわけではないので、教科書のような本になれば」と決めた。そこで三つの要素を盛り込む構成とした。

一つは、平和国家として歩んだ約80年間の政治の変容と世界における日本の現在地を知ること。二つ目は、太平洋戦争に至る道のりをいま一度検証し、戦争の予兆を知ること。三つ目は、戦争経験者の証言である。

第1章「平和国家の変容と日本の現在地」は、政治を専門とする毎日新聞社主筆の前田浩智が担当した。80年近く戦火を交えていない平和国家の根幹は、戦争の反省から策定された憲法9条である。「戦争放棄」「戦力不保持」「交戦権の否認」をうたい、これに基づき安全保障の大方針を「専守防衛」としてきた。

ところが、この10年で自公政権は集団的自衛権の限定的行使を可能にしたほか、武器輸出三原則の撤廃や敵基地攻撃能力の保有、防衛費の大幅増など、戦後守り続けた原則を変えた。平和国家の揺らぎを政治の内側から分析した。また、米国など民主主義勢力と、中国など権威主義的国家のあつれきがもたらす影響についても考察。とりわけ米国に気を使う日本のふるまいがアジア諸国の誤解を招きかねない危険性について指摘する。

第2章のインタビューは、4000人以上の戦争証言を取材してきた昭和史研究の第一人者でノンフィクション作家の保阪正康さんに前田が迫った。保阪さんは、2023年3月のNHK番組「最後の講義」で若者たちと向き合った時と同様、未来へ向けた「遺言」として、膨大な知見を披露。延べ7時間に及ぶ渾身の対談となった。日清、日露、第一次大戦に相次いで突入した政府の思惑と事情をひも解き、日中戦争から太平洋戦争に至る、軍部の甘さを指摘。話は元首だった天皇のありようや心情、戦争責任に及んだ。

また独自の「保守」論を紹介し、戦後政治の流れの中で吉田茂と石橋湛山の思想を比較。戦争を忌避する石橋の卓越した理論について「真正の保守」と評価する。「記憶の継承」

については、国による教育や戦争の総括などが必要とした。同世代のジャーナリスト、立花隆さんが生前、CGやバーチャル空間を使って戦争を「体験」し、若い世代に継承する夢を語っていたことを明かし、保阪さんも語り継ぐのは戦中世代の責任だと語った。

第3章「復刻　57人の戦争証言」は、8年前に砂間が担当した新聞連載「証言でつづる戦争」を改めてまとめた。連載のうち戦争のおおまかな流れがわかる証言をピックアップし、国の動きなども加えてノンフィクションの読み物にしている。保阪さんの話や巻末の年表と合わせ、読み進めていただけば、あの時代を国民視点で疑似体験してもらえると思う。

ロシアによるウクライナ侵攻や、パレスチナ自治区ガザ地区でのハマスとイスラエルの戦闘など世界で戦火は絶えない。壮絶な敗戦を経験した日本は、その反省から平和国家の道を歩んだ。まがりなりにも80年近く平和が続いているが、私を含め日本のどれほどの人々が、ウクライナやガザの地獄を自分自身に重ねることができるだろうか。そして戦争する日本を想像できるだろうか。

本書は、日本が再び戦争をしないため多角的に戦争とはなにかを理解してもらえる構成にしている。戦争を知らない世代の道しるべとなり、世界に誇れる平和国家実現の一助となると確信している。

毎日新聞社取締役常務執行役員　砂間裕之

第1章

平和国家の変容と日本の現在地

文＝前田浩智

忍び寄る戦争の影

戦争はある日突然、降って湧くわけではない。一般的に一つの過程を歩む。だから、「日本の現在地」を意識しておくことには意味がある。平和は天から授かるものではない。戦争への距離が縮まったと感じれば、ブレーキを踏みハンドルを操作しなければならない。「軍靴の音がする」などと時代がかった物言いをするつもりはない。しかし、戦争が忍び寄って来るようなムードを心配している。日本政府は「最も厳しく複雑な安全保障環境」を強調する。要するに未曾有の危機が迫っているというわけである。

そうなると、「戦争は嫌だ」とストレートに言うのは勇気が必要になる。時に「頭がお花畑」というような批判を耳にする。その場の空気を忖度し、口をつぐむ人もいるだろう。戦争が持つ、嫌な場の支配力である。日本という国は昭和のはじめ、その魔物の支配力に負け、戦争への坂を転げ落ちた。

戦争が忍び寄るようなムードを感じる大きな理由の一つが、戦争体験世代の減少である。総務省によると、２０２３（令和５）年10月1日時点で、日本に住む人の87％以上が戦争を経験していない戦後生まれとなったという。

一口に「戦争の悲惨さ」と言うが、体験を通して自分の血や肉になっている人の数となると、国民の1割をおそらく切っている。悲惨さといっても、体験の裏打ちがないと抽象的になる。語る場面に具体性が欠ける。伝える力は弱くなる。

国会議員となると、戦争体験世代の減少はさらに危機的だ。「国会要覧」を参考に戦争体験のある国会議員を確認すると、２０２４（令和６）年4月現在、衆議院議員は全４６5人中7人、参議院議員は全２４７人（欠員1）中４人にとどまっている。議員の戦後生まれの割合は実に98％を超えている。終戦時に小学校に入学していたのは、自民党の二階俊博元幹事長ただひとりという状況である。

戦後日本の共通基盤

列島が焦土と化した日本は戦後、二度と戦争をしないという意思を国の真ん中に置いて再出発した。「安らかに眠って下さい　過ちは繰返しませぬから」。広島市の平和記念公園にある原爆死没者慰霊碑にはこう記されている。国民の戦争体験があまりにも過酷であり、論理をもってその大原則を確認する必要すらなかったのだろう。二度と戦争をしないという思いは政治的立場を越えた戦後日本の共通基盤のようなものでもあった。

自民党に野中広務氏という政治家がいた。１９２５（大正14）年、京都府生まれ。経世会（旧竹下派）に所属し、官房長官や党幹事長を歴任。権力の中枢で長く活躍し、時々の政局で「豪腕」を発揮した。一方で、1945（昭和20）年1月に陸軍に召集された体験から平和が持つ価値にこだわり続けた政治家でもあった。

「戦前の私たちは知らないうちに、教育をされ、戦争に突入していった。私はこうした民族性に恐怖を感じる」「暗い時代の思い出ひとつずつが…（中略）…『普通の国』といって世界の列強と同じようなつきあいを求めようとするやり方だとかにダブって見えてくる」。野中氏は自著の中でこう戒めている。

そんな野中氏の真骨頂を示す場面が橋本龍太郎政権下の97年にあった。在沖縄米軍の期限切れ用地の暫定使用を可能にする特別措置法案が衆議院に提出された。沖縄は当然反発した。野中氏は法案を審議する特別委員会の委員長で、衆議院で過半数ぎりぎりの自民、社会、さきがけの連立政権の枠組みにより「緊張感を持って通す」ことを検討していた。それが、法案可決という結果は同じでも、沖縄県民の痛みや日本外交の今後の形を考えることにつながると期待したからだ。

ところが、橋本官邸は野党の新進党と連携し圧倒的多数による可決の道を選択した。これに怒った野中氏は衆議院本会議場における採決に先立つ委員長報告の締めくくりで、以下の異例の発言を行った。

「……古い苦しい時代を生きてきた人間として、再び国会の審議が大政翼賛会のような形にならないように若い皆さんにお願いをしたい」

第2次世界大戦の直前、言論、思想をはじめとして国民のすべてを統制し、戦時体制を強化するために大政翼賛会が作られた。政党は相次いで解党し、戦争に突き進む政府に何も言えなくなった。忌まわしい歴史である。あんな時代は二度とごめんだとの思いを抱く野中氏の発言には、説得力があった。

政治は結果である、とよく言われる。何をなし遂げたかが大事であると言われる。しかし、結果に至る過程で何を見せるかも同じぐらい重要である。このままでいいのかと改めて考え直すきっかけとなることがあるからだ。それにより、関係者、国民の心を大きく動かす可能性が出てくる。

野中氏は２０１８（平成30）年に亡くなった。いま、３７０人を超える自民党国会議員を見渡した時に、残念ながら戦争への防波堤になるような政治家は見あたらない。

再軍備を阻む構造

戦争に抗う力がどうなっているのかを、政治の構造面からも考えてみたい。

60年安保の時代、戦後日本は「政治の季節」のまっただ中にあった。日米安全保障条約の改定を巡り、「米国がおこす戦争に日本が巻き込まれる恐れが強い」として安保闘争が展開され、国会周辺をデモ隊が囲んだ。安保条約は改正されたが、当時の岸信介首相は退陣せざるを得なかった。

岸氏に関しては、「満州国」の元高級官僚で、戦時中の東條内閣では商工大臣を務め、戦後いったんはA級戦犯容疑者として逮捕されたという経歴を持つ人物がまた、戦争にかかわるような旗を振っていることへの不満が国民の意識の中にあったとみられる。

「安保反対」は首相辞任が最後の成果となった。10年後の条約改定を佐藤栄作政権は見送り、反対運動に足場を作らせなかった。焦りを募らせた一部の学生から連合赤軍や日本赤軍が生まれるに至った。内部の主導権争いを強め、暴力を使用する「内ゲバ」が多発した。結果として、一般の学生、国民の離反を招き、終幕を迎えた。

そのころ、日本は高度経済成長の山を猛スピードで登り始めた。岸内閣のあとを受けた池田勇人内閣は、「所得倍増論」という分かりやすいスローガンを掲げた。「豊かになる」という山を上ると、日々見えてくる景色は変わる。国民の間にはだんだんと、政治とはちょっと距離を置こうという意識が広がった。「反安保」は後景に退いた。政治の季節は終わり、「経済の季節」が訪れた。

それでも、政治の世界は保守と革新に分かれ、けん制し合っていた。国会の議席の大部分を自民党と社会党がほぼ2対1の割合で占める55年体制が生きていた。「反米・反安保・反自衛隊」の看板を掲げる社会党は野党第1党であり続けた。この「2対1」が結果として、憲法改正への壁となり、再軍備を阻む構造を形成した。

55年体制の崩壊

こうした構造の大変化は35年前の東西冷戦構造の崩壊をきっかけに始まった。東側盟主のソビエト連邦の存在が消え、自由主義陣営の勝利が叫ばれる中で、日本だけが東西冷戦構造を温存させる理由はなくなった。日本新党の細川護熙氏を首相とする非自民8党派連立政権が1993（平成5）年に誕生した。40年近く続いた55年体制に終止符が打たれ、不安定な連合政治の時代に突入した。

翌1994（平成6）年には、不倶戴天の敵だった自民、社会両党が、新党さきがけをかすがいにして3党連立内閣を樹立した。自社両党の連立だけでも大いにビックリだったが、首相を出したのは第1党の自民党ではなく第2党の社会党というのはもっと驚きだった。社会党の村山富市委員長が第81代内閣総理大臣に就任した。

自民党は分配政党である。政治的な利害の対立を、経済成長などから得られる果実を分配することによって乗り越えて行くのが組織、行動の原理である。そのためには与党であり続け、分配の原資を確保する必要があった。1994年と2012（平成24）年に2度も死に物狂いで政権奪還を果たしたのは、自民党という政党の種の保存をかけた復活劇だった。

一方、社会党はイデオロギー政党だった。その党のトップである村山氏は首相になったとたんに、日米安保条約は堅持すると米国に対して表明し、自衛隊は合憲であると国会で発言した。それまでの理想を捨て、支持者との約束を反故にした。政党としての大黒柱を自らへし折ってしまった。社会党が衰退の運命をたどるのは明白だった。

名前を社民党に変えたぐらいでは運命を変えられるはずもない。一部の議員はその後、民主党に参加するが、社会党に置き換わるような政党は現れていない。立憲民主党はリベラル色の強い議員が多いものの、安全保障政策は一様ではない。

選挙制度と政治の構造変化

選挙制度改革との関係にも触れておきたい。

先に触れた細川内閣の旗の下に集った8党派は「非自民」を合言葉にしたものの、主張も主要政策もバラバラだった。一つに束ねるために使ったツールが「政治改革」であった。94年に衆議院の小選挙区比例代表並立制が成立した。小選挙区制度は一つの選挙区から1人しか当選できないシステムである。それまでの中選挙区制度のように、2番目、3番目の候補者が選挙区で当選することはない。そうなると、「3分の1」の支持獲得に安住してきた社会党が野党第1党としてそのまま生き残れる余地は制度の面からも用意されていなかった。

政治改革はもともと、自民党がリクルート事件、東京佐川急便事件で政治不信を招いたのが始まりだ。それが派閥問題に発展して、中選挙区制度下で同じ自民党の候補が争う構造が批判され、選挙制度改革に主眼が置き換わった。野党にしてみれば、自民党の「政治とカネ」問題に巻き込まれたようなものだが、結果として、選挙制度の面からも平和を取り巻く政治構造の変化が進むことになった。

見過ごせないのは、自民党の構造変容である。自民党には60年代後半以降、独自の「戦後合意」が存在していた。戦争はとにかく避け平和と繁栄を追求することと、できるだけ平等に多くの人の合意を大切にすることだ。この合意は熱心に追求され、効果的に実現された。自民党政権が「自然な政権」とみなされたのはそれ故のことである。国民は時に自民党に「お灸を据える」ことはあっても、政権の座から本格的に排除することはなかった。

自民党型の戦後合意は、「自民党をぶっ壊す」と叫んだ小泉純一郎政権下で崩壊が始まった。2009（平成21）年に政権の座を明け渡し、3年後に安倍晋三氏が政権奪還を果たして以降、構造変容は決定的になった。

安倍氏は「保守派のプリンス」と呼ばれた。第1次政権は短命に終わったが、第2次政権をスタートさせて1年後の2013（平成25）年12月には靖国神社を参拝した。「第1次政権の任期中に靖国神社に参拝できなかったことは『痛恨の極み』と申し上げてきた」。安倍氏は参拝後にこう説明した。保守派の支持は一層盤石になった。

この保守の岩盤に公明党票を上乗せして勝利の方程式を作り上げ、国政選挙で6連勝を果たした。自民党が国民各層の意見に広く耳を傾ける「キャッチ・オール・パーティー」である必要性は薄れた。

その安倍政権が満を持して取り組んだのが、集団的自衛権の行使を一部認める安全保障法制と特定秘密保護法制の整備である。国論を二分したが、選挙で得た与党の数の力で押し切った。異論を排除する傾向は党の特徴と化した。多くの人のコンセンサスを重視する自民党型の戦後合意はかすんだ。

「安倍カラー」に染まった自民党

戦後の雑多な中小政党を包含した自民党は、同じ保守でも内部にいくつものイデオロギーを抱えていた。派閥がその多様性を体現し、自民党の政策の幅の広さを生み出している側面があったが、自民党は「安倍カラー」に染まり、各派閥は選挙応援と人事調整の互助組織に堕した。岸田政権時に多くの派閥が政治資金パーティーを巡る裏金問題で解散に追い込まれたのは、本務を忘れた時点で定まっていた運命でもあった。

第2次以降の安倍政権は7年8カ月続き、菅義偉政権を経て、2021（令和3）年10月、岸田文雄政権がスタートした。岸田氏は池田氏を始祖とする宏池会の出身である。「軽武装・経済重視」の路線を受け継いできた。宮沢喜一政権以来28年ぶりの宏池会首相の誕生となり、自民党の変容に揺り戻しが起きるのではないかとの期待も聞かれた。

岸田氏は当初、「分断から協調へ」を掲げ、「聞く力」をアピールし、安倍政治からの方向転換の可能性をにじませた。しかし、宏池会は解散を決めた2024（令和6）年時点でも50人に満たない第4派閥にすぎなかった。規模においてほぼ倍の議員がいる、安倍氏が率いていた最大派閥の清和会をないがしろにするような政策転換は不可能だった。

さらに、政治路線を調整しようにも、安倍氏は2022（令和4）年に凶弾に倒れ、折り合いをつけられる相手を岸田氏は失った。保守派を刺激せず、反発を最低限に抑え、党内秩序を安定させるのが政権運営の基本戦略になった。

いま、安倍劇場の第2幕、第3幕を見ているような感覚を覚える人もきっと少なくないだろう。これは安倍一強が7年8カ月の間に作りかえた自民党の新構造が、内部でしっかりと根を下ろしているためでもある。

反撃能力に関する岸田政権の対応

自民党の変容を実際の政治の動きをもとに、検証してみよう。

まずは、相手国のミサイル発射拠点などをたたく反撃能力（敵基地攻撃能力）を日本が持つかどうかの問題である。岸田政権は22年12月、外交・防衛政策の基本方針となる、新たな「国家安全保障戦略」など安保関連3文書を閣議決定した。反撃能力の保有の容認はその中に明記された。

日本は戦後、平和国家として再出発し、専守防衛を旨としてきた。反撃能力の保有を巡っては、1956（昭和31）年、当時の鳩山一郎首相が、自衛の範囲に含まれており憲法に反しないとの見解を示した。それでも歴代政権は反撃能力に相当する装備を持とうとはしなかった。先の大戦を踏まえ、日本が他国から軍事大国化の疑念を抱かれないようにするためだった。安倍氏は退陣間際に、反撃能力の保有の議論を促す談話を発表したが、自らは成し遂げていない。

安全保障環境が厳しさを増しているのは事実だろう。日本は海を隔てて、中国、ロシア、北朝鮮という厄介な3カ国と向き合うことを余儀なくされている。引っ越すことはできない。地政学的に大きなリスクを抱えているわけだ。

３カ国はいずれも権威主義国家であり、政治リーダーの一存で戦争に踏み込むことが可能だ。ロシアが行ったウクライナ侵攻は何よりの証だろう。安全保障理事会の常任理事国という重い責任は事実上、放棄された。北朝鮮は弾道ミサイルの発射を繰り返し、暴走を続けている。中国は覇権的な動きを強め、習近平国家主席は台湾への武力行使カードをひけらかす。一方で、日本が戦後、安全保障の大きな頼みとしてきた米国のアジアにおける影響力は低下している。

「現在の自衛隊の能力で、脅威を抑止できるか。この国を守り抜けるのか。現状は十分ではない」。岸田氏は閣議決定後の記者会見でこう強調した。

脅威の存在そのものは否定しない。しかし、安保環境の悪化は昨日、今日起きた話ではない。十分ではないと言うのであれば、何がどう足りないのかを説明し、熟議の環境作りを進めるのが首相としてまずすべきことだろう。

ところが、岸田氏はギリギリまで、反撃能力について「あらゆる選択肢を排除せず検討する」と繰り返すばかりだった。中身に関し一切の説明に背を向けた。

政権が露払いのように設けた「国力としての防衛力を総合的に考える有識者会議」（座長・佐々江賢一郎元駐米大使）は閣議決定に先立ち、「反撃能力の保有と増強が抑止力の維持・向上のために不可欠である」との報告書をまとめた。だが、会議が開かれたのはたったの4回。そもそも防衛増税への地ならしが目的の会議でもあったとも指摘される。多くの論点で議論が深まらず、国民の理解につながることもなかった。

「安全保障のジレンマ」という考え方がある。自国の安全を高めようと防衛力を強化すれば、それは相手国には脅威と映る。こちらの強化に応じて相手国が軍事力を増強すれば、軍拡競争に陥り、国の安全はかえって危うさを増す結果となりかねない。

相手国の心証をどこまで考慮したのだろうか。政府と自民党は、相手国がミサイルを発射する前の「着手」の段階で日本が攻撃しても合憲であるとしている。しかし、移動式発射台などの技術革新により、発射の兆候を事前に把握するのは困難になっている。発射の判断を誤れば、国際法に違反する先制攻撃とみなされる恐れがある。報告書を読む限り、こうした疑問や懸念を意識した議論の跡は見えない。

戦闘機の輸出解禁

もう一つ検証してみよう。

武器輸出推進の動きである。日本が武器を輸出しているという認識はあまり一般的ではないのかもしれない。日本は戦後、武器製造を禁止された。朝鮮戦争で復活したが、佐藤栄作内閣が1967（昭和42）年に①共産圏諸国、②国連安全保障理事会決議により武器輸出が禁止されている国、③国際紛争当事国またはその恐れがある国――には武器輸出を行わない「武器輸出三原則」を表明した。１９７６（昭和51）年には三木武夫内閣が平和国家の理念を重視し、三原則の対象地域以外にも「武器の輸出を慎む」とする政府統一見解を出し、事実上の武器禁輸政策が確立した。

その後、安倍政権下の２０１４（平成26）年、武器輸出三原則を撤廃し、「防衛装備移転三原則」を決定し、積極策にかじを切った。紛争当事国などを除くといった条件を満たせば輸出できるように緩和した。それでも、完成品の輸出（防衛装備移転）はフィリピンへの警戒管制レーダーの１件にとどまっている。

こうした中で、２０２３（令和５）年以降、にわかに政治問題として浮上したのが、日本、イギリス、イタリアの３カ国で共同開発する次期戦闘機について、英伊以外の第三国への輸出を認めるかどうかという問題である。日本には、防衛装備移転三原則や運用指針により、共同開発品について、共同開発国以外への輸出を認めないという制約がある。英伊両国はこの制約について、競争力を確保できないとして見直しを求めた。

日本は従来、武器の輸出を制限してきたため、防衛産業は納入先が自衛隊に限られ、弱体化しているという問題を抱えている。自民党は国内の防衛産業を維持強化するために、輸出を全面解禁する必要があると主張した。

次期戦闘機の共同開発の方針を政府が決定したのは22年末だった。その時点では、第三国輸出の方針は与党に伝えられていなかったとされる。「平和の党」の看板を掲げる公明党は慎重姿勢を示した。

その後、自民、公明両党の政調会長が調整にあたった。岸田首相は国会答弁で「第三国への直接移転を行う仕組みが存在しなければ、わが国が求める戦闘機の実現が困難になる」と輸出解禁の必要性を強調した。公明党はこの答弁を評価し、事前の閣議決定などの条件付きで輸出容認に転じた。

ただ、公明党の本音は、山口那津男代表の以下の容認前発言に現れていると思われる。「殺傷能力を持った武器を輸出しないというのがわが国の基本的な進め方であり、世論も圧倒的に支持している。なぜこれまでのあり方を変えるのかという説明が政党にも、国民にもなされていない」

同じ思いの人は多いのではないだろうか。

国の基本的な進め方、日本はこういう国であるということにかかわる問題である。戦後の日本は、平和産業でやり直そう、軍事産業とはしっかりと距離を取っていこうという覚悟で国の歩みを進めてきた。経済力を背景に国際的な信用と活躍の場を広げていくことは日本人の誇りでもあった。

ところが、いま、平和国家の看板を取り下げることになるのかもしれないというような思いつめたような空気が政府にも、自民党にも感じられない。説明のエネルギーはもっぱら、与党合意という形を整えることに費やされた。もっと国民的な議論が必要だが、そういう考え方は見えないままだった。

権威主義国家の台頭

液状化している日本の平和地盤をさらに揺さぶっているのが世界の情勢である。

東西冷戦が終わり、社会主義国が次々と消えた。市場経済が広がり、民主主義が根を広げ、平和な世界が訪れるとの期待が膨らんだ。国民の生活を豊かにしようと思えば、多くの国が民主主義に向かうのであって、共産党が支配する中国であっても時間の問題だろうと信じられた。しかし、民族、宗教など新たな壁が眼前に現れた。民主主義を脅かす大きな存在として権威主義が力を増している。

民主国家か否かを分ける線は競争的な選挙の有無と言われてきた。しかし、独裁者はしたたかだ。独裁体制の8割以上が選挙を実施し、野党の参画を認めているという。ロシアもそんな国の一つだろう。大統領選は、ウクライナ侵攻に反対する政治家の立候補を認めないなどの動きは見せたが、24年3月も曲がりなりに実施された。権威主義国家は民主主義の衣をまとい、したたかに生き残りを図る。

権威主義に勢いをつけるきっかけになったのは、2008（平成20）年のリーマン・ショックである。国際的に低成長になる中、グローバル化の進展により先進諸国で中間層が没落すると、民主政治が脅かされる状況が進んだ。多くの人が相対的に平等であってはじめて、支え合って社会を作ろうという意識が保てる。それが難しくなった。ポピュリスト政治家はそうした不満につけ込み上昇気流をつかむ。

新型コロナウイルスとの闘いでは、意思決定に時間を要するという民主主義の特徴が否定材料になった。都市封鎖や国民監視などの対策を一気に進める権威主義国家の強権政治を評価する声さえ聞かれた。

世界秩序の不安定化

民主政治変調の筆頭は米国である。

「もしトラ」という言葉が最近、多用される。以前にベストセラーになった『もし高校野球の女子マネージャーがドラッカーの『マネジメント』を読んだら』という本が「もしドラ」と縮めて呼ばれていたことにならい、トランプ前大統領が再起する、あまり考えたくない事態を仮定した表現である。しかし、言葉遊びをしながら、仮定話法で成り行きを眺めていることが許されるような状況ではもうない。

米大統領選の投票は11月。その前に、民主、共和両党は大統領候補者をそれぞれ決定する。民主党の候補者は現職のバイデン大統領でほぼ決まった。本人がやめると言わない限り、他の人が割り込む余地は当初からない。共和党は、３月のスーパーチューズデーを経て、トランプ氏以外の候補者が撤退した。「バイデンVSトランプ」の対決の構図がほぼ固まった。

この構図は前回２０２０（令和２）年と同じである。前回はバイデン氏が勝利した。バイデン氏は国民に融和を呼びかけ、「私はすべての米国人のための大統領になると言ってきた。私に投票しなかった人のためにも一生懸命に職務にあたる」と述べた。「米民主主義の復元力が発揮された」と世界は安堵した。トランプ氏は選挙結果に納得していないものの、両者の勝負は決着がついたはずだった。しかし、トランプ氏はリベンジへの闘志を絶やすことはなかった。

トランプ氏は４つの刑事事件、計91の罪で起訴されている。その中には前回の大統領選挙の結果をくつがえそうとした疑いも含まれている。選挙を否定する人がなぜ大統領候補者になるのかと思う人も多いだろう。せめて刑事裁判に決着をつけてから挑戦すべきなのではないか。だが、候補者レースで勝ち残った。

トランプ氏の選挙スローガンは「米国を再び偉大な国にする」である。支持者は、スローガンの頭文字を取って「MAGA（マガ）」と呼ばれる。スローガンを一皮めくると見えてくるのは、反グローバル主義と「米国第一」主義である。グローバル化によって衰退した国内の製造業を復活させるという主張に、低所得の白人労働者を中心に、これまで政治から見放されたと思っていた人たちが熱狂を寄せた。

ポピュリスト政治家は、問題を誰かのせいにしがちだ。トランプ氏の場合は、SNSも使い、攻撃的な物言いで批判を繰り返し、不満をあおり、それを自らのエネルギーとして取り込む。民主党と共和党はその昔、支持層がもう少し真ん中に寄っていて、重なり合う考えもあったと言われるが、今は「敵」と「味方」しかない。「中間」の存在が感じられない。米社会の寛容さは失われ、底が見えない分断が広がっている。

そんなトランプ氏がもしも再び大統領に就任すれば、世界の混迷はさらに深まる可能性が高い。トランプ氏は国際秩序に大きな価値を認めていないからだ。ロシアのウクライナ侵攻については、大統領になれば、「24時間で片付ける」と豪語している。もともとロシアのプーチン大統領に好意的であり、対外紛争介入に消極的だ。

ウクライナへの支援を停止すれば、欧州だけでは戦線を支えきれるはずもない。訪れるのは、権威主義国家のやりたい放題を認める民主主義の大きな後退である。

これは台湾の武力統一の選択肢を排除しない中国に対し、誤ったメッセージを発する恐れがある。トランプ氏が台湾についてほとんど言及していないのも不安材料である。台湾への無関心が台湾の民主主義を守らないと受け取られるからだ。

中東では、親イスラエルの姿勢をさらに強めることは間違いなさそうだ。そうなると、かねて敵対しているイランやその支援を受ける周辺国の武装組織との対立が強まることは避けられない。今も「中東は火薬庫」であり、緊張が高まるほど、不測の事態が起きかねないという懸念が大きくなる。

第2次世界大戦前、ウィルソン米大統領が世界連盟構想を提唱したのに、その米国が加盟しないという事態が起きた。「欧州大陸には関与すべきではない」との世論が立ちはだかったためだ。モンロー主義と呼ばれる。米国には今もこのDNAが残っているのだろう。トランプ氏の米国第一主義も同一線上にある。100年前は結果として、ドイツのヒトラーの進軍を許し、第2次世界大戦が起きた。

21世紀の米国の内向きはトランプ政権が出発点ではない。2013（平成25）年、「米国はもはや世界の警察官ではない」と述べたのは当時のオバマ大統領だった。米国は国際社会のリーダーとして関与していく姿勢をどんどん後退させていく過程を歩んでいる。トランプ氏は状況を加速させる役回りと考えるべきだろう。

米国の後退につれ世界の秩序は不安定になる。権威主義国家は力の空白を見逃さない。しかし、米国に代わるリーダーは見えず、もう現れないのかもしれない。米国そのものが既に変容したと覚悟すべきである。

浮き彫りになった国際社会の分断線

もう一つの大きな変容は、「グローバルサウス」と呼ばれるアフリカやアジア、中南米などの新興・途上国の登場である。

1945（昭和20）年に国際連合がスタートした時、加盟国は51だった。いまは4倍近くになっている。グローバルサウスの国々が数多く含まれ、国連は変容した。

その一つが、先進国が守ろうと訴える秩序に対する「二重基準」批判である。ウクライナ侵攻に対しては「法の支配」への挑戦だと非難するのに、ガザ攻撃への対応に及び腰なのは整合がつくはずもない。「ウクライナは白人の国だから、キリスト教の国だから、先進国は関心を向けているのではないか」「力による現状変更は今までもあった。でも、先進国は何も言ってくれなかった」。不満が渦巻いている。

中東・ガザでは日々、数多くの市民が犠牲になっている。イスラエルのネタニヤフ政権は、ガザ攻撃は自衛権の行使だと強調しているが、国際法が認めるレベルをはるかに超えている。民間人攻撃は正当化できない。イスラエルの守護神になっている米国の国際的な孤立が際立っている。

２０２３年10月、ニューヨークの国連総会の光景は象徴的だった。総会の緊急特別会合で、ガザについて、人道的休戦を求める決議が１２１カ国の賛成により採択されたが、賛成国の多くがグローバルサウスと呼ばれる国々だった。他方、西側諸国では米国が反対し、日本、英国、カナダ、ドイツ、イタリアなどが棄権を選択した。国際社会の分断線が浮き彫りになった。

特別会合は、安全保障理事会が常任理事国の拒否権行使の応酬により身動きが取れないことを受け、開催された。重要問題の決議は３分の２以上の賛成で採択される。総会に拒否権を持つ加盟国はなく、一方で決議に法的拘束力もないが、全加盟国の「総意」を示すという重みがある。総意を無視すれば、そのツケがやがてのしかかる。

グローバルサウスにはその国なりの視点がある。たとえば、アフリカ。政情不安定な国や地域が多く、今も各地で紛争が絶えない。無差別の民間人虐殺も起きているとされる。そんな国々に「ウクライナに侵攻したロシアをもっと批判すべきだ」と言ったら、「大国の争いに巻き込まないでほしい、あなた方はアフリカの紛争にどれだけ関心を払ってくれているのか」とおそらく言い返されるに違いない。西側諸国はアフリカの殺し合いに見向きもしてこなかったのが現実だからだ。

グローバルサウスと呼ばれる国々が問題なのではない。グローバル化によってかつて貧しかった「南の国」が全体として経済力を拡大すれば、発言力を強めるのは当然の流れである。デジタル化が進めば、さまざまな情報にアクセスできるようになり、それに基づいて意見を言うようになる。

こうした国々では、人種問題に加えて、歴史的経緯から反植民地主義、自分たちを悲劇の犠牲者とみなす犠牲者意識ナショナリズムなども無視できなくなってくる。国連などの平和維持機能を高めるにはこういった変化をまるごと受け止めることが必要になるが、残念ながら当の西側にその余力がなくなっている。移民に排外的な極右政党が台頭している国も珍しくない。分断が広がっているのが現実である。

不寛容の先にあるもの

人類の歴史は戦争の歴史である、と言われる。人類はしばしば、仲間を守るために線引きをする。線を引けば、内側ではナラティブ（物語）が共有され、結束力が高まる。命をかけて守ろうという意識が生まれる。ほとんどの戦争は自己防衛の大義の下で行われる。平和な暮らしを望みつつ戦争に踏み切る矛盾はそこから始まる。

地球というマンションには今、193の国が住んでいる（国連加盟ベース）。手狭になり、環境問題などにより星としての経年劣化も目立っている。隣近所の紛争も激しくなっている。旧住民と新住民との価値観の違いもあらわになっている。ところが、国連というマンションの管理組合にも対立構造は持ち込まれ、身動きが取れない。秩序維持にかかわってきた警察官は廃業を宣言し、世界は不安を募らせている。

日本も不安に悩む国の一つである。しかし、不安にかられ反射神経的に防衛力を増強するのでは思慮が不足している。

日米同盟の堅持とある程度の防衛力整備は必要だろう。ただ、防衛費の増額も、米国の要請だからと、北大西洋条約機構（NATO）の加盟国並みだからと国内総生産（GDP）比2％と決めたようにしか見えない。増税の話になってようやく異論が高まってくる状況にもっと懸念を抱く必要がある。

そのつもりはないと信じるが、日本をハリネズミのような国にしてしまってはならない。時にイスラエルがその例として挙げられる。周りの国が近づきたいと思っても、ハリが怖くて近づけない。孤立を深めるばかりである。

ハリが痛そうと感じるのは、周りの国である。日本がいくら否定しても、意味はない。ハリを感じさせないように、アジアの平和維持のために汗をかき、地域に貢献することが必要だろう。忍耐を必要とする作業になるが、もっと中国との対話を重ねるべきである。防衛力を増強するのであれば、どんな外交を展開するのかをセットで議論する必要がある。そこが決定的に不足している。

第2次大戦中、日本軍はシンガポールを占領し、多数の華僑が虐殺された。シンガポールの教科書は日本の占領について、72ページを費やして説明しているという。他方、日本の教科書では進駐したことが数行書かれているだけである。占領先で日本軍が何を行ったのかという情報、認識が戦後の世代には引き継がれていない。決定的な認識の落差があることを前提に対話をしなければならない。

日本がどうして防衛力を増強するのか、平和国家の理念をいかに守り抜くか――。そういう議論を見せることは、「日本は再び戦争に行くことはないと思っていたが、大丈夫だろうか」というアジアの人々の不安を低減させることにつながる。

SNS社会が進展し、自分の知識や意見がきちんと整理されないまま、他人の言論に触れる機会が増えている。そこでは、寛容を持ち合わせない言葉の方が分かりやすく、勢いを感じる。「いいね」を集める。不寛容の先に何があるのかは分かりにくく、踏みとどまって考える集中力は途切れがちだ。

戦争を避けようとする構造が日本の中で弱まっている。まずは議論より始めよ、であろう。戦争をしない国であり続けるには手間がかかる。「あきらめ」の先に希望はない。

◆主な参考文献◆

野中広務『私は戦う』（文藝春秋）1996年5月
野中尚人『自民党政治の終わり』（筑摩書房）2008年9月
宇野重規『民主主義とは何か』（講談社）2020年10月
東島雅昌『民主主義を装う権威主義』（千倉書房）2023年2月
『国会要覧』（国政情報センター）
『毎日新聞』「アジアが見る『新しい戦前』」2024年3月6日朝刊
『毎日新聞デジタル』「コロナ禍と戦争　アフリカからは違って見えた」2024年2月9日

第2章

太平洋戦争への道程と非戦のための記憶の継承

ロングインタビュー

保阪正康×前田浩智

保阪正康

ほさか　まさやす

昭和史の実証的研究を志し、延べ4000人もの関係者を取材してその肉声を記録してきたノンフィクション作家。1939年、札幌市生まれ。同志社大学文学部卒業。「昭和史を語り継ぐ会」主宰。個人誌『昭和史講座』を中心とする一連の研究で第52回菊池寛賞を受賞。『ナショナリズムの昭和』(幻戯書房)で第30回和辻哲郎文化賞を受賞。『昭和史 七つの謎』(講談社文庫)、『あの戦争は何だったのか』(新潮新書)、『東條英機と天皇の時代(上下)』(文春文庫)、『昭和陸軍の研究(上下)』(朝日選書) 、『近代日本の地下水脈』(文春新書)、『松本清張の昭和史』(中央公論新社)ほか著書多数。

1 愚かな選択

暴力を恐れた明治政府

前田　まずお聞きしたいのは、日本がなぜあんな、国家を崩壊させるような戦争を始めたのかということです。御著書をいろいろ拝読しました。太平洋戦争への道は一本ではなくいろんな分かれ道があって、分かれ道でいろんな誤った判断を積み重ねていきました。性急な近代化、軍事学や戦争観の未成熟、民主主義の未確立、国家の宣伝要員になったメディアの責任など要因は多岐に及ぶと思いますが、いかがでしょうか。

保阪　まずは明治維新、明治政府の問い直しから始める必要があります。江戸時代の約260年間、日本は対外戦争をしていません。なぜ明治以降、戦争を繰り返すようになったのか。

明治維新は、歴史的な望遠鏡で見ても顕微鏡で見ても、薩摩・長州両藩を中心とした言わば暴力革命、軍事クーデターでした。武力で徳川幕藩体制を倒したわけです。暴力によって生まれた政府は暴力を恐れます。そして暴力によって自らを守ろうとする。さらに江戸幕府の開国の経緯も影響しています。

徳川幕府は長年「鎖国」政策をとっていました。外国とのつながりを完全に絶っていたわけではなく、中国の明や清、あるいは李氏朝鮮とオランダなどとは交流がありましたが、いわば経済・文化交流が主体で、近現代国家レベルでの国交ではなかった。ところが１８５３（嘉永６）年と翌年のアメリカのペリー艦隊による「砲艦外交」、つまりおどしによって開国させられ、不平等条約を結ばされた。欧州列強との「開国」も余儀なくされていきます。

さらに薩摩藩は「生麦事件」＝薩摩藩の藩士が１８６２（文久２）年、武蔵国生麦村（現横浜市鶴見区生麦）でイギリス人４人を殺傷した事件＝の後、報復のために錦江湾に進撃してきた英国艦隊と交戦し、城下町を焼かれました。また翌年長州藩は「攘夷」を実行すべく、関門海峡を航行する米船などを砲撃しました。ところが米英仏蘭の４カ国連合艦隊の砲撃を受け、下関の砲台が一時的とはいえ占領される屈辱を経験しています。

前田　帝国主義の侵略にさらされていたのは日本だけではありませんね。長くアジアの強国であった中国・清はアヘン戦争（１８４０〜42年）に敗れるなど、列強の食い物になっていました。その清に朝貢していた李氏朝鮮は南下するロシアの脅威にさらされました。当時の国際情勢、帝国主義諸国の中で生きていくために軍事力を強化する必要があったということでしょうか。

保阪　ええ。開国から維新までの経緯がいろいろありました。明治新政府は軍事力、しかも近代的な軍事力の重要さを痛感していました。ところが、維新直後は自前の軍隊を持っていませんでした。このため政府は１８７１（明治４）年、薩摩と長州、土佐藩から計約１万人の兵を東京に集めました。「御親兵」と言われましたが、これが近代日本軍の始まりでした。

あり得た5つの国家像

保阪　明治政府の指導者たちは、最終的にはあとで述べるように欧米列強型の帝国主義国家を目指すことになります。ただ、当初から「これしかない」という国家像を持っていた訳ではありません。明治維新後は王政復古による天皇親政を目指す動きもありましたが、これは頓挫します。国家像としては５つの道があり得たと思っています。具体的には、①欧米列強のような帝国主義国家、②欧米とは異なる道義的帝国主義国家、③自由民権を軸にした民権国家、④アメリカのような連邦制国家、⑤攘夷を貫く小日本国家です。

概略を説明すると、①は軍事力を背景に他国を圧迫して権益を奪い、あるいは植民地化して自国の繁栄を目指す国家です。②は帝国主義的ではあるものの、軍部が主導するのではなく市民社会の道義を軸とする国家。③は国民主権の国家で、薩長藩閥政府に対抗し土佐藩出身の板垣退助、後藤象二郎らが取り組んだ「自由民権運動」の延長にあるもの。④は地方分権を主軸とする国家像で、⑤は「鎖国」下の江戸時代に培われた日本独自の外交、価値観を生かして海外進出を目指さず「小国家」として生きていく道です。

どのような国造りをしていくべきか。そのモデルを探すべく、明治政府の指導者たちは１８７１年から２年間、欧米諸国を視察しました。団長の岩倉具視や大久保利通、木戸孝允、さらには初代首相となる伊藤博文らが参加していました。

④について考えてみると、岩倉使節団がまず渡ったのはアメリカです。江戸時代は幕府が言わば中央政府でした。一方で270近くの藩があり、各藩はそれぞれの法令と軍備、秩序を持っていました。中世戦国時代の群雄割拠の状態を徳川幕府を中心とした近世の幕藩体制に移行した。それを、アメリカのような連邦近代国家に移行させるという選択肢もありました。ところが、実際にアメリカを見てみると、民族や言語の多様性や国土の広さなど日本との違いがあまりにも多すぎたため、アメリカ型連邦制は結局採用されませんでした。

あるいは③。維新の功労藩として「薩長土肥」つまり薩摩、長州、土佐、肥前の4藩がありましたが、実際には薩長が権力の中心でした。後の話ですが、1885（明治18）年に内閣制度が創設された際の初代首相は長州出身の伊藤博文。第2代が薩摩の黒田清隆、3代目が長州の山縣有朋です。以後4代目が薩摩の松方正義。伊藤、松方、また伊藤と7代まで薩長閥が務め、それ以外で初めて首相になるのが佐賀藩出身の大隈重信でした。

土佐はこれに対して少数の者が権力を握る専制的な藩閥政府を批判し、憲法の制定や議会の開設、言論と集会の自由を訴える運動に力を入れました。

前田　政治結社もつくられました。

保阪　国会開設を求める運動が高まる中で、1870年代末から80年代初めにかけて民間の知識人らによる憲法案が多数作成されました。それは「私擬憲法」と言われ、およそ50編余りが伝わっています。多くは立憲君主制のもと、国民の権利と自由を定めている。たとえば慶応義塾の祖、福澤諭吉の門下生が中心となった「交詢社」の「私擬憲法案」は、イギリス流の二院制議会を採用し、君主は行政権を議会にゆだね、政府は議会の信任に基づいて政治を行うというものでした。

急進的な私擬憲法としては、土佐の政治結社である立志社の「東洋大日本国国憲按」があります。同社の憲法起草委員だった植木枝盛が作成したもので、軍事と外交権を皇帝に属するものとしつつ、アメリカのように地方自治を尊重し、立法権を全国民に属するものとしました。さらに「日本人民は思想の自由を有す」「日本人民は如何なる宗教を信ずるも自由なり」などと、人民の権利を詳細に保障しています。また、政府がこの憲法に反する場合は人民が抵抗する権利（抵抗権）を定め、かつ政府が人民の自由権利を破壊する場合は政府を覆滅してもかまわない、という革命権まで認めています。さすがに植木のこの私擬憲法は急進的に過ぎました。いずれにしても、創生期の明治の指導者たちに確固たる国家像があったわけではなかったのです。

前田　結果的に明治政府が選んだのは「富国・強兵」の国造りでしたね。産業を興し貿易を活発にすることによって、国を豊かにする。そしてその経済力を生かして「強兵」すなわち軍事力を整備・拡充する。弱肉強食の国際社会で独立を守る道、さらには欧米列強型の帝国主義国家への道を歩むことになりました。

軍事主体となった背景

保阪　軍事に力を入れざるを得なかったのは、維新後の国内情勢も大きかった。新政府に反対する元武士、いわゆる「不平士族」たちの反乱が相次ぎました。最も大きかったのは1877（明治10）年の「西南戦争」です。維新の立役者の一人、薩摩の西郷隆盛を盟主とする士族たちが蜂起し、半年にわたり政府軍と戦いました。政府は鎮圧はしたものの、さらに「竹橋事件」が起きます。西南戦争の翌1878（明治11）年8月23日、近衛砲兵大隊の兵営から200人以上が蜂起して大隊長らを殺害、赤坂離宮に迫って天皇に強訴しようとしたが失敗し、鎮圧された事件です。西南戦争の論功行賞への不満が原因だったとされます。これも鎮圧され反乱軍の53人が死刑となりました。政府の衝撃は大きかった。さらに自由民権運動による反政府運動にも苦しめられ、これらも軍事力で鎮圧していきました。

前田　まず「強兵」にせざるを得なかった。

保阪　軍人の発言権も当然高まっていきます。一方で政府は軍が自由民権運動などの反政府勢力と結びつくことに恐怖を実感し、両者を遮断しようとします。暴力で政権を握った薩長だけに、相手がより強い暴力を握れば政権が覆されてしまうと恐れたのです。そこで出されたのが1882（明治15）年の「陸海軍軍人に賜はりたる勅諭」、いわゆる「軍人勅諭」です。

明治天皇が軍人に語りかける形で、まず「我国の軍隊は、世々天皇の統率し給ふ所にぞある」「朕は汝等軍人の大元帥なるぞ」と宣言している。さらに天皇の名において軍人たちに5つの徳目を示しています。

一、軍人は忠節を尽すを本分とすべし
二、軍人は礼儀を正しくすべし
三、軍人は武勇を尚ぶべし

四、軍人は信義を重んずべし
五、軍人は質素を旨とすべし

筆頭にある軍人の本分について「軍人勅諭」はこう説明します。「(軍人は)世論に惑わす政治に拘らす 只々一途に己が本分の忠節を守り 義は山嶽よりも重く 死は鴻毛より軽しと覚悟せよ 其操を破りて不覚を取り汚名を受くるなかれ」。要するに「軍人は政治に関わってはならない」というもので、山縣有朋の強い意向で明記されました。

前田 大日本帝国憲法は1889(明治22)年2月11日に発布されましたが、初代首相の伊藤博文の主導によって結局ドイツ型つまりは議会の権能が弱く皇帝の権限が強いものになりました。天皇は立憲君主として存在し、現実の政治は臣下が担当することになります。11条の「天皇ハ陸海軍ヲ統帥《とうすい》ス」は、軍人勅諭の「朕は汝等軍人の大元帥なるぞ」につながっていますね。

保阪 軍人勅諭は国の骨格である憲法より先に出されていた。この事実は非常に重要です。当時は自由民権運動の流れをくむ政治結社が次々と誕生していました。政府はこれらが議会で勢力を得て、軍事など国策に反対することを恐れていました。そこで国の骨格である憲法より先に、天皇と軍のつながりを強固にしようとした。そしてその憲法によって軍は天皇に直属しシビリアンコントロール（文民支配）は関係ない、議会、国民の影響も受けないと宣言したのです。「天皇の軍隊」が制度的にここで確立されました。

実際の運用では、天皇が軍を指揮するようなことはありませんでした。しかし天皇と軍が直接つながっているということで、軍が議会や内閣のコントロールに服さなくてもいい、という解釈を生むものでもありました。実際に、軍部の発言権が増すとともに「統帥権」の問題が出てきます。これについては後でお話しますが。

前田　憲法は１８９０（明治23）年11月29日に施行され、第１回帝国議会が開会されました。

保阪　その前の７月１日に第１回衆議院議員総選挙が行われました。議員定数は３００、約42万人が投票し投票率は約94％でした。以来１３４年の今日までで最も高い投票率です。

前田　衆議院、参議院ともに国政選挙の投票率が60％にも届かない今日とは隔世の感があります。

保阪　選挙権の意味も相当違いますね。第1回の選挙は制限選挙で、土地に対して課せられる租税の「地租」など直接国税15円以上を納めた者で、かつ満25歳以上の男性に限られていました。女性はいくら納税しても選挙権はありません。このため有権者は約45万人、全人口約4000万人のわずか1・1％でしかありませんでした。

前田　かなりな限定ですね。

保阪　相当な田畑を所有する地主や豪農や、資産家などの一部の国民に限られていました。結果を見ると定数300のうち立憲自由党が130、立憲改進党が41で計171議席。いずれも民権派の流れを組む「民党」と呼ばれ、政府と対立する野党でした。政府を支持する「吏党」は大成会が79人、国民自由党5人。無所属45人の多くが吏党系でしたが、それを合わせても129議席です。

前田　政府はアジア初の近代的議会に、野党多数の状態で臨むことになったのですね。

保阪　ただその結果は、政府にとってはある意味で織り込み済みでした。話が前後しますが憲法発布の翌日、第2代首相で薩摩閥の黒田清隆が東京・鹿鳴館で地方長官らに演説しています。黒田はまず、明治憲法は「欽定憲法」すなわちつまり君主である明治天皇が定めた憲法であり、「臣民」が口出しすべきではないと指摘します。さらに行政は憲法に準拠して進路を定め、天皇の大権に従うのが当然としました。

前田 議会がどうなろうと行政は天皇に従って我が道を行く、という宣言ですね。

保阪 「政治上の意見は人々其の所説を異にし、其合同する者相投して団結をなし、政党なる者の社会に存立するは情勢の免れさる所なりといえども、政府は常に一定の方向を取り、超然として政党の外に立ち、至公至正の道に居らさる可らず」と言い切りました。政治に関する意見は人それぞれで、考えを同じくする者たちが団結して政党を作る。それは致し方ない。しかし政府は政党の動きに関わらず進む、という内容で、いわゆる「超然主義」の表明です。黒田がそんなことを言ったのは、帝国議会で野党が多数を占めることを予想していたからでしょう。

前田 黒田の言は、政党に対するおびえのようにも聞こえます。

保阪 理由があります。現在の国会は憲法で「国権の最高機関」と定められています。しかし帝国議会はその権能ははるかに限定的でした。主権者は天皇であり、宣戦や条約締結、首相の任命、軍の統帥など極めて重要な事項が天皇の「大権」になっていました。議会の役目は分かりやすく言えば天皇を手助けすることでした。

帝国議会にはもう一つ貴族院がありましたが、こちらは皇族や華族、多額納税者などが構成していました。一般の民衆は参加できず、選挙権もありませんでした。その貴族院が衆議院とほぼ同じ権限を与えられていました。

前田 そんな議会でも、政府にとって脅威だったのはなぜでしょう。

保阪 国民全体からみればほんの一部の意見しか代表していませんでしたが、選挙という審判を経た議員が構成する衆議院が誕生し、さらに少なくとも年1回は帝国議会が開かれることになった政治的意義は大きかったです。その最たるものが衆議院で予算の審議権、議決権を得たことです。予算は国造りの根幹ですから。その予算案を、議会の議決なしに確定させることはできなくなりました。

前田 ただ議会が同意せずに予算案が成立しない場合でも、政府は前年度の予算を施行することができましたね。

保阪 憲法第71条の規定です。しかし明治政府は、一刻でも早く欧米のような近代国家になることを目指していました。軍備を増強し産業を興そうとする国家にとって、「前年度並み」の予算はマイナス成長のようなものです。「富国・強兵」を目指して右肩上がりの積極財政を行わなければなりませんでした。そのためにはやはり議会の同意が必要で、政党はその権利をテコに政治的発言権を強めていくことになります。

「主権線」と「利益線」

前田　1890（明治23）年11月25日、第1回帝国議会が開会されます。時の首相は、伊藤博文（当時は枢密院議長）と並ぶ長州閥の総帥、山縣有朋でした。

保阪　山縣は長州藩の下級武士の家系の生まれで、幕末から明治維新の時はまだ小物でした。カネにまつわる醜聞があって、西郷隆盛は「三井の番頭さん」と評していました。しかし長州閥の親玉だった木戸孝允、薩摩の大久保利通や西郷ら政府のリーダーが相次いで死去する中で、重要な地位を務めることになりました。

この第1回議会で、山縣は国の在り方に関わる重要な方針を示します。施政方針演説で「主権線」と「利益線」を持ち出しました。主権線とは国境のこと。利益線とは山縣いわく「主権線の安危に、密着の関係ある区域」です。つまり主権線の外側に、自国の領土や国益を守るための緩衝地帯をもうけることを想定していました。「其の利益線を保って一国の独立の完全をなさんとする」と。

前田　「利益線」には他国の領土も含まれますね。

保阪 ええ。朝鮮半島や樺太、ロシア、中国ですね。特にロシアが満州への進出を進め、さらに南下政策を取ってくる可能性を踏まえて、「巨大な金額を割いて、陸海軍の経費に充てる」ことが必要だと力説しました。帝国主義の時代ですから、主権線にしろ利益線にしろ守るためには武力が必要になります。山縣のこの演説は武力を前提とし海外膨張も辞さないという宣言といえます。

前田 先ほどおっしゃった国家像のうち①、つまり欧米列強型の帝国主義で行くという宣言でもありましたね。

保阪 そうですね。国家像が固まるまでには、私擬憲法にみられるような国造りの可能性がさまざまありました。ところが山縣をはじめとする明治政府の首脳たちは、そうした可能性をすべてブルドーザーが押し潰していくかのように、軍事優先の国家建設を進めていきました。

ただ、一言で帝国主義といっても欧米のそれと日本とは違う点があります。つまり前者は15~17世紀の大航海時代から産業革命を経て、およそ300年かけて成立しました。市場と資源、安い労働力を求めてアジアやアフリカなどに進出して国の利益のために他民族、他国の富を収奪したり抑圧したりという点は一貫していましたが、変化がありました。

帝国主義下でも市民社会が成熟し、植民地支配も武力だけに依存するものから文治的なもの、たとえば教育システムを整備して宗主国の文化を植民地に浸透させていく、より巧妙な植民地経営へと移行して行きました。

前田　日本の場合はそうした数百年の経過がなく、前近代的な幕藩体制から短期間で帝国主義に移行したのですね。

保阪　それも、軍事が先行する軍事主導国家です。政治で話がつかなければ軍事が出てくるんじゃなくて、初めから軍事が出てくる。資本主義がある意味で爛熟しながら海外に市場を求めて帝国主義化して行く、という段階的なものではない。日本はまず軍事が出ていって、その後で政治が追いかけて占領地政策をする。

前田　まず手を伸ばしたのが朝鮮でした。

保阪　朝鮮は、当時は建前上は独立国でしたが、清に朝貢して前近代的な冊封《さくほう》体制の中にありました。明治維新後、朝鮮には日本の勢力と組んで改革を進めようという動きもありましたが、反対勢力が1882（明治15）年にクーデターを起こします。漢城（現ソウル）にあった日本公使館が焼かれ、日本人の軍事顧問が殺害されました。「壬《じん》午事変《ご》」です。ここで清が出兵して鎮圧したことから、朝鮮政府はさらに清を頼るようになりました。また1884（明治17）年には親日勢力が親清の政権を倒そうと決起しますが、これも清軍によって鎮圧されています（甲申事変《こうしん》）。日本と清が朝鮮を巡る主導権争いを続ける中で1894（明治27）年、甲午農民戦争《こうご》（東学党の乱）が起きます。減税や日本排斥を求める運動です。清は朝鮮政府の要請に応えて派兵し、日本も出兵して乱は治まりました。しかし朝鮮を巡る日清の争いは治まらず、8月に開戦となりました。

前田 野党である民党は開戦にどう反応したのでしょうか。

保阪 さかのぼってお話ししますと、第1回議会（1890年〜91年）から第6回議会（1894年）までを「初期議会」と言いますが、民党と政府は激しく対立していました。「富国・強兵」に邁進しようとする政府に対して、民党は「民力休養・政費節減」のスローガンを掲げて政府提出の予算案を大幅に削ろうとしました。第1回議会では政府の予算案（一般会計歳出額）が、総額8332万円でしたが、民党は激しく反対しました。とはいえ必ずしも反対のための反対ではありません。松方正義大蔵卿を中心としたデフレ政策、いわゆる「松方財政」の影響による不況もあって、農村は疲弊し、工業界も恐慌に苦しんでいました。それを受けて、民党は政府と対立したのです。

前田　結局、立憲自由党の一部である土佐派の竹内綱、林有造、植木枝盛らが政府の妥協案に応じましたね。8332万円のうち631万円を削減することで合意し、予算案が成立しました。同じ土佐出身の中江兆民がこの妥協に怒り、国会を「無血虫の陳列場」と言い捨てて議員を辞職したことは知られていますね。

保阪　対立は第2回議会でも続きました。松方正義内閣は海軍拡張など新規事業を含む予算案を提出しましたが、民党の反対で大幅に削減されました。第1回議会とは違い、政府の切り崩しにも応じなかった。樺山資紀海軍大臣は、日本の今日があるのは、薩長政府のおかげではないかという趣旨の発言をしたため民党の大反発を招きました。本音が出たわけです。

前田　松方、樺山とも薩摩出身ですね。当時は長州閥が陸軍の要職を占め、薩摩閥は海軍でした。

保阪　予算案を大幅に削られた松方内閣は衆議院を解散し、第2回総選挙が行われます。明治憲法体制を作った伊藤博文や山縣有朋らは、世界の目を意識していたのでしょう。アジア初の近代議会がうまくいけば、日本の国際的地位向上につながります。失敗すれば欧米の先進国から「やはりアジアの日本では無理だった」と見下されかねない。政府は何とか議会を正常化させたかった。ところが、民党は今回は政府と安易な妥協をしませんでした。議会を与党化すべく政府が取ったのは、憲政史上最悪とされる選挙介入でした。当時、選挙人は記名選挙で投票用紙に自分の名前、さらには住所まで書き、印鑑を押さなければなりませんでした。

前田 近代選挙の原則である「秘密投票」ではなかった。誰がどの候補に投票したかが外部に分かれば、買収や暴力による強要など不正の温床にもなりますね。

保阪 実際、第2回の総選挙では品川弥二郎内務大臣の指揮の下、露骨な選挙介入が行われました。地方官が民党側の候補者の選挙活動を妨害したり、警官が有権者宅を訪れて吏党の候補に投票するよう圧力をかけたりしました。

投票は1892（明治25）年2月15日に行われました。結果は立憲自由党が94議席、立憲改進党が38議席を獲得し、民党の勝利に終わりました。松方内閣は選挙干渉の責任を追及されて総辞職に追い込まれました。代わって組閣された第2次伊藤博文内閣でも軍事予算を巡って民党と議会で激しく対立しました。

国家の近代化を進めるに当たり、政府と議会は車の両輪のように協力していく必要がありましたが、実際は対立が続きました。明治天皇は「議会の開設が早すぎたのではないか」と危ぐしたと言われています。

政府と議会の関係が変わった

前田　議会と政府の関係が変わったのは、戦争でしたね。

保阪　それまで対立を続けていた政府と政党が協力するようになりました。巨額の軍事予算が可決され、国を挙げて戦う体制となりました。幕末、列強の強い軍事的圧力を受けて無理やり開国させられた記憶もあって、明治政府は強い対外危機意識をもって「富国・強兵」政策を進めました。さらに陸海軍とも装備の近代化を進め、訓練を積んでいました。これに対して清は国内の政治的対立があり、軍の近代化も進んでいませんでした。日清戦争（1894〜95年）は約8カ月間で、日本の圧勝に終わりました。

前田　初の対外戦争で大勝したことで、日本がますます帝国主義国家として進んでいくことになったのでしょうか。

保阪　1895（明治28）年4月に、山口県の下関で両国の講和条約が結ばれました。

清は日本に対して、①朝鮮の独立、②遼東半島・台湾・澎湖諸島の割譲、③賠償金2億両（テール）、④杭州・蘇州・重慶・沙市の開市・開港などを約束しました。

2億両は日本円で約3億1000万円で、戦費の約2億円余りを大きく上回りました。戦争が事業化するきっかけです。

前田 しかし三国干渉を受けました。

保阪 日清戦争前に清はすでに弱体化していましたが、広大な領土を持つことなどから、各国から「眠れる獅子」として恐れられてもいました。ところが日本に短期間で惨敗し清の国力があらわになると、欧米列強は争うように中国分割に乗り出しました。たとえばロシアは南満州への進出を目指していました。そこでドイツ、フランスとともに共同で遼東半島の返還を日本に求めたのが「三国干渉」です。

日本はこの干渉を突っぱねるだけの力がなく、やむなく受け入れました。代替として清から3000万両（日本円で約4700万円）が支払われましたが、国内では三国干渉への怒りが高まりました。

前田 「臥薪嘗胆」のスローガンが叫ばれたのですね。中国の故事で、「目的を達成するために現状の苦境を耐える」という。

保阪　屈辱の三国干渉でした。しかもロシアは1898（明治31）年、日本に返還させた遼東半島南東の旅順と大連を清から租借してしまいます。弱肉強食丸出しです。こうしたことがきっかけで、日本の軍国化が加速しました。清からの合計約3億5700万円の賠償金は開戦前の日本の一般会計歳出額の4年分に当たる巨額なものでした。明治政府は日清戦争前から「強兵」すなわち軍の強化に力を入れていましたが、将来の対ロシア戦をにらんでこの賠償金を原資に軍備拡張を進めたのです。

戦争がビジネスに

保阪　さらに重要なことは、政府や軍人が日清戦争によって戦争を「ビジネス」、いわば営利事業としてとらえるようになったことです。民間企業ならば資本を活用して利益を上げようとします。政府は国民の生命や財産を戦争に「投資」することで利益を上げることを企図するようになったのです。軍人の仕事は要するに「戦争に勝って賠償金を得る」ことでした。

前田　1904（明治37）年2月に日露戦争が始まりました。

保阪　日清戦争に勝ったことで、日本の「利益線」が朝鮮半島を覆いました。のちに韓国を併合して「主権線」となるのですが、「利益線」を守るためにはその外側の地域も守らなければなりません。具体的には満州です。ロシアがここを狙っており、抑えられてしまったら「利益線」である朝鮮が脅かされるからです。日本側には戦争回避の模索もありましたが、結局開戦しました。

ロシアは清とは比較にならないほどの強敵、軍事大国でした。結果的に日本の戦費は約18億円に上りました。日本銀行の副総裁高橋是清（後の首相、蔵相）は欧米で外国債を募集しましたが、開戦当初は各国がロシアが勝つと見込んでいたので、日本の外国債は苦戦しました。戦況が日本に有利になるにつれて外債募集は順調に進みましたが、それでもかき集めたのはおよそ7億円でした。到底足りません。このため増税に次ぐ増税で国民の生活を苦しめました。それでも「戦争に勝てば賠償金が入る」という期待をもとに戦っていたのです。

前田　有名な日本海海戦でロシアのバルチック艦隊を完璧に撃破し、陸戦でもロシアは後退を続け、日本は何とか勝つことができました。

保阪　１９０２（明治35）年に締結していた日英同盟に基づき、強国イギリスの支援を得たことが大きな勝因です。ただ、日清戦争のような完勝ではありませんでした。ロシア側は海軍と違い、陸軍にはまだ予備兵力があり、純軍事的には戦うことができました。帝政ロシアは国内に革命運動を抱えており、戦争継続が困難になっていました。日本側は戦力も経済力も底を尽きつつあった。そこでアメリカのセオドア・ルーズベルト大統領に仲介役を依頼しました。

前田　ただし、善意の仲介役というわけではなかった。

保阪　アメリカはもともとロシアが満州を独占支配するのを警戒しており、かといって日本が一方的に勝利してロシアにとって代わることも望んでいなかったのです。米ポーツマスで開かれた講和会議では日本側首席全権の小村寿太郎外相とロシアの主席全権ウイッテとが交渉を続けました。日本側は当然とばかりに賠償金を要求します。しかしロシア側は頑として受け入れませんでした。日本に戦争継続の余力がないことを見抜いていたのでしょう。

結局、ポーツマス講和条約が1905（明治38）年9月に結ばれます。日本はロシアに以下のことを認めさせました。①韓国に対する一切の指導・保護・監督権の承認、②旅順・大連の租借権と長春・旅順間の鉄道及びその付属の権利の割譲、③北緯50度以南の樺太の割譲、④沿海州とカムチャツカの漁業権、⑤満州からの両軍の撤退（日本の租借地などは除く）、⑥清に対する機会均等、です。ところが、肝心の賠償金請求は取り下げました。つまり先に見た「戦争のビジネスモデル」は実現しなかったのです。

前田 賠償金を期待していたのは政府だけでなく、国民もそうでしたね。

保阪 賠償金放棄を知った民衆は激怒しました。東京では講和に反対し戦争継続を叫ぶ群衆が警察署や政府高官宅、政府を支持した新聞社などを次々と襲撃し、街のあちこちに放火しました。「日比谷焼き打ち事件」です。政府は戒厳令を発し、軍隊を出動させて暴徒を鎮圧しました。

戦争でもうけることができなかった。そして戦時外債がのしかかってきます。勝ったにもかかわらず、恐慌に陥ってしまった。その中で1908（明治41）年に「戊申《ぼしん》詔書」が出されました。教育勅語、軍人勅諭と並んで明治の三大詔書とされたもので、長期不況の中で国民に勤倹節約を説く生活道徳ですね。

前田 戦争に勝利はしたが、豊かになるどころか、貧しくなったのですね。

保阪 しかし、ロシアの南下を食い止めた意味は大きかった。日露戦争前は、ロシアは韓国の反日勢力とも結びついて進出をうかがっていましたから。

日本は日露戦争でロシアを朝鮮と満州から駆逐し、大陸進出が本格化しました。すでに1905（明治38）年には韓国の外交権を、ついで1907（明治40）年には内政権も奪い軍隊を解散させました。韓国では抗日闘争がありましたが、日本は軍隊を出動させて鎮圧しました。さらには1910（明治43）年には韓国併合を行い、韓国を植民地としました。

前田　すると、利益線はさらに広がりますね。守るべき地域も広くなり、軍拡が進んでいくという経緯ですね。

第一次世界大戦でも

保阪　日本政府は、日露戦争では賠償金を得ることはできなかったものの、「主権線」と「利益線」を拡大していきました。日露戦争後、欧州ではドイツ・イタリア・オーストリアの三国同盟と、ロシア・フランス・イギリスの三国協商が対立していました。これがもとで1914（大正3）年に第一次世界大戦が勃発すると、時の大隈重信内閣はロシア・フランス・イギリスの連合国陣営に加わって参戦しました。アメリカも、当初は中立を保っていましたが、ドイツの潜水艦攻撃を受けたことから反ドイツの世論が高まる中で参戦しました。

前田 主戦場は欧州でした。なぜ日本が参戦したのでしょう。

保阪 日本が日露戦争を見据えて1902（明治35）年に結んでいた日英同盟がカギでした。イギリスは東シナ海のドイツ武装商船艦隊を撃破するために、日本に参戦を求めました。日英同盟の規定では、日本の参戦は義務でありませんでした。しかし東洋からドイツの根拠地を一掃するいい機会として、加藤高明外務大臣の主導で参戦したのです。先に見た三国干渉の一国であるドイツへの報復という意味もありました。

イギリスは日本の軍事行動は海上作戦に限定するように求めていましたが、日本側はこれを事実上無視します。陸軍が東アジアにおけるドイツの根拠地だった中国山東省の青島を占領し、海軍はドイツ領だった赤道以北の南洋諸島を占領しました。これらによって、ドイツの勢力を東アジアとオセアニアから一掃したことになりました。

前田 マリアナ諸島・サイパンなどは1920（大正9）年に発足した国際連盟によって委任統治領とされましたが、後には日本の事実上の植民地となりました。

保阪　日本は中国にも手を伸ばします。第一次世界大戦に先立つ１９１２（明治45）年、中国では清朝帝政が滅び中華民国が建国されました。いわゆる辛亥革命です。孫文が臨時大総統に就任しますが政情は安定せず、混乱が続いていました。日本はその混乱と、欧米列強が欧州での戦争に力を注いでいることを利用して中国での権益を拡大しようとします。

前田　「対華二十一箇条の要求」ですね。

保阪　１９１５（大正４）年、中国の袁世凱政権に対して突きつけました。主な内容は①山東省内の旧ドイツ権益の日本による継承、②旅順・大連の租借期限及び南満州の鉄道権益の期限を99年延長、③中国政府の財政・軍事顧問としての日本人採用などです。

中国は要求の内容を内外に暴露して、日本は国際的な批判をあびました。それでも政府は圧力を強めて、最後通牒を発しました。結局、日本人顧問採用など一部は保留したものの、大部分を中国に承認させたのです。

前田　またもや、戦争でいわばもうけてしまった。

軍人の役割

保阪　日本にとって完全に戦争はビジネス、営利事業になりました。特に軍人にとっては「戦争に勝つこと」はまさに最大の仕事であり責務となったのです。勝つことが天皇、国家への最大の奉公。多くの賠償金や権益を獲得できれば国が豊かになる。それでさらに軍備を拡張できる、と。

前田　日清戦争で得た賠償金で「富国」化を進めロシアと戦う。そこで得た満州での権益をもとに、新たに中国侵略を進める。次の戦争・侵略のために前の戦争で得た成果を投資するようなものですね。

保阪　第一次世界大戦中の1917（大正6）年、ロシア革命が起こり共産主義のソビエト政府が樹立されました。ソ連は連合国から離脱しドイツと単独講和を結びました。翌年にイギリスとフランス、アメリカなどは、革命軍に追い詰められた連合国側のチェコスロバキア軍を救出するという名目でシベリアに出兵しました。実態は共産主義が拡大することを恐れての革命干渉です。日本も出兵しました。共産主義への恐れということもありましたが、大陸に勢力を伸ばすための軍事行動でもありました。結局革命は成功し、各国は１９２０（大正９）年までに撤兵しました。しかし、日本はその後もシベリアや沿海州に兵を駐屯させました。国内外から批判を受けようやく撤兵したのは１９２２（大正11）年です。３０００人以上の死者と10億円もの戦費を費やした結果、得るものはほとんどなく逆に国際的な信用を失墜させました。

前田　ただ、第一次世界大戦で得た権益を起点に、日本はさらに中国での市場、権益拡大を目指しました。

保阪　国家が軍に投資をする。軍は戦争に勝って賠償金や権益を得る。そして次の戦争、侵略に投資するというのが言わばビジネスモデルになっていました。そこには政商、つまり軍や政府と一体になった財閥などの大企業も加わっています。そのビジネスモデルはまず旧満州（現中国東北部）で拡大しました。１９３１（昭和６）年９月18日には関東軍（満州に駐屯していた日本の軍）が満州事変を起こします。奉天（現長春）郊外の柳条湖という地で、南満州鉄道（満鉄）の線路が爆破されました。いずれも関東軍高級参謀だった板垣征四郎と石原莞爾が中心となって行われた自作自演でしたが、関東軍は中国側の犯行だとして軍事行動を起こし、南満州の主要都市を占領してしまいます。時の若槻礼次郎内閣は不拡大の方針を示し、昭和天皇もこれを支持していました。ところが、関東軍は中央の方針は無視して侵略を続ける。翌1932（昭和7）年3月には、「満州国」の建国が宣言されました。

若槻の後に首相になった犬養毅は、満州国の承認には慎重でした。国際社会は、日本の傀儡国家であることを知っているから当然でしょう。承認したら国際的な信用を失ってしまいますから。しかし、その犬養が同年の5・15事件で暗殺された後、後継の斎藤実内閣は満州国を承認してしまいました。その流れの中で、日本は国際連盟から脱退します。当時、日本は5つの理事国の一つでした。さまざまな交渉を続ける中でより有利な外交の成果を挙げることもできたはずです。しかし、いきなり脱退というカードを切ってしまう。満州国と引き換えに国際的な信用度を失い、孤立化を深めたと言えます。つまり国際的な場での発言を自ら放棄したのです。

中国への侵略はさらに続きます。満州を出て華北や北京に迫りました。軍事費は増え、財閥は軍需関連産業への進出を進めました。1937（昭和12）年7月には盧溝橋事件が起き、事実上の日中全面戦争となります。陸軍は占領地に傀儡政権を作って権益をさらに拡大しようとしました。国を挙げて、戦争が営業品目になっていたのです。

2 戦争と皇室

明治政府による天皇の神格化

前田 さて、戦争と皇室について考えていきたいと思います。

保阪 私たちの国の避けて通れない問題は、天皇制なんですね。私は天皇制そのものが文化的に存続することについてはなんら異存はありません。ただ大日本帝国のような形の、天皇が軍事の元帥であり、国家の総覧者であって、主権在民じゃないような、そういう存在であってはいけないと思いますが。

前田 江戸時代の天皇には権力も武力も無いが、権威があった。薩長を中心とした明治政府は、それを利用して国をまとめようとしましたね。

保阪 近世封建体制の日本は、一種の連邦国家のようなものでした。中央政府として江戸幕府がありますが、２７０近い藩があってそれぞれの法体系、軍事力や文化を持っていた。帝国主義の時代に、そんな群雄割拠ともいうべき体制では国際社会の列強と対峙できない。急いで近代国家を作らなければならない。そのためにはたとえば武士を頂点としていた身分体系の再編、軍制や税制、法制などの整備などを進める必要があります。地方の声をゆっくりと聞いて、ボトムアップで国造りをする時間はなかった。だから中央集権で近代化を進めました。明治政府は前にも述べたとおり薩長を中心とした武力革命によって生まれた政府ですが、薩長では日本全体をまとめる大義名分がないし、求心力も無い。そこで持ってきたのが天皇です。

そのためには、天皇を国の頂点とすることの正当性を強調しなければならなかったのです。そこで持ち出したのが『古事記』や『日本書紀』にある神話を歴史の事実として持ち出し、神格化の流れを作りました。

さらに言えば、政府の指導者たちは天皇を武装させました。先に見たように、軍人勅諭で軍と直接結びつく体制を造った。加えて陸海軍の頂点に立つ「大元帥」とし、軍事のすべてを統括する「統帥権」も持たせた。帝国主義の列強と肩を並べるために「富国・強兵」を進めるに当たり、国家元首である天皇は日本型帝国主義の君主、「武装化した天皇」であることが求められました。

しかし、システムの長としての天皇と、天皇個人の内面とは矛盾、葛藤がありました。それが如実に表れるのが戦争です。天皇は平和主義者でも好戦主義者でもありません。天皇にとって一番重要なのは皇統を絶やさないこと。だから、戦争をしないと皇統が保てない、となれば開戦も辞さない。逆に戦争をやめないと皇統が絶えてしまうとなれば必死に終戦に向かう。

話が先に行きますが、それは1945（昭和20）年に昭和天皇が「聖断」で敗戦を決めた経緯からも分かります。

当時、戦局は悪化する一方でした。米軍による広島、長崎への原爆投下があり、日本が連合国との講和の仲介役に期待していたソ連まで対日宣戦布告をしてきた。もう敗戦は必至でしたが、陸海軍の首脳の中には戦争継続の主張があった。そこで天皇はポツダム宣言の受諾、つまりは敗戦を受け入れる「聖断」を下しました。その時の心境を、以下のように述べています。

「当時の私の決心は第一に、このまゝでは日本民族はほろびて終ふ、私は赤子を保護することが出来ない。第二に（中略）敵が伊勢湾付近に上陸すれば、伊勢熱田両神宮は直ちに敵の制圧下に入り、神器の移動の余裕はなく、その確保の見込みが立たない、これでは国体護持は難しい。故にこの際、私の一身は犠牲にしても講和をせねばならぬと思った」（『昭和天皇独白録』）。このまま戦争を続けていたら日本民族、皇統は守れない、という危機感にかられての決断でした。

戦争回避を願う天皇

保阪　明治に話を戻しますと、明治天皇は日清戦争を政府が決めるにあたり、「この戦争は朕の戦争ではない」、って言ってるんですね。臣下の者が言ってきたものだ、と。大日本帝国の天皇という立場ではなく、睦仁《むつひと》（明治天皇の諱）として戦争の結果を想像する。清は当時、イギリスなどの列強から侵略されていました。それでも広大な領土を持ち、人口も日本よりはるかに多い。そんな国と戦って負けないだろうか。負けたら処罰されるかもしれないと、睦仁は恐れています。

天皇は統帥権、すなわち陸海軍の最高指揮権を持っていました。それを扶《たす》ける機関として陸軍の参謀本部があり、海軍に軍令部がありました。統帥権は内閣や議会の干渉を受け付けない。実際は天皇が戦争を直接に指揮することはありません。ただ軍部ことに陸軍はこの「統帥権の独立」を旗頭に、自分たちの都合のいい方向に国を引きずっていこうとしました。

日清戦争には勝ったものの、10年後には1904（明治37）年の日露戦争開戦が御前会議で決定になります。睦仁は泣いてますよ。戦いたくないんです。なぜかって、不安なのです。もし戦争に負けたらどうなるか。皇統が途絶えてしまうのではないか、と。御前会議で開戦が決まった時の、明治天皇の発言が『明治天皇紀』に記されています（1904年2月4日）。

「今回の戦は朕が志にあらず、然れども事既に茲《ここ》に至る、之を如何ともすべからざるなり（中略）事万一蹉跌を生ぜば、朕何を以てか祖宗に謝し、臣民に対するを得んと、忽ち涙潸々として下る」

戦争は本意ではない。もし間違ったら、皇祖皇宗にどうあやまったらいいのか、という不安を赤裸々に示しています。さらに御製で、

「よもの海　みなはらからと　思ふ世に　など波風の　たちさわぐらむ」

と詠んでいます。やはり戦争は欲しない、という意思表示です。しかし、すでに開戦を決めている明治政府の指導者たちは困る。あくまでも「武装した天皇」でいてもら

わないといけない。だから明治天皇を説得しました。信任の厚かった伊藤博文が「このままロシアの外圧を許したら、我が国の存立の重大な危機です。決断を下し給うべき時機と存じます」などと開戦への同意を求めました。

大正天皇（諱は嘉仁《よしひと》）も、戦争に対して極端に嫌悪感を持っていました。皇太子時代に、日露戦争の戦利品をみて御製を詠んでいます。

「武夫《もののふ》の　いのちにかへし　品なれば　うれしくもまた　悲しかりけり」

天皇に即位してからは第一次世界大戦、シベリア出兵などがありました。そこから距離を置くかのように、文化的な活動に没頭していきます。特に漢詩に力を入れ1367首が残っています。明治天皇、昭和天皇の漢詩は残されていないことから考えると、大正天皇の独特の感受性が分かります。

やはり戦争を恐れていた明治天皇は、それでも日清、日露戦争開戦に関わる発言もしています。しかし大正天皇は第一次大戦の参戦の国家意思決定に関わった形跡が見つかりません。御前会議でも発言していません。大正天皇、嘉仁の感性は、文学的であり「武装する天皇」像とは相いれない。山縣有朋と会うと目を伏せていたと伝わっています。

前田　第一次世界大戦が終わった後の1921（大正10）年11月以降、大正天皇は病気療養に入りました。いわゆる「遠めがね事件」などが伝わっていますが。

保阪　帝国議会で詔書を読み上げた後、紙を丸めて望遠鏡のようにして議場の議員を眺めたという話ですね。ただそれは軍部によって意図的に広められた形跡があります。政府首脳は武装した天皇、軍服を着た天皇になろうとしない大正天皇に早く退いてもらい、皇太子（後の昭和天皇）に摂政として天皇の代行をしてほしいと考えていました。このため、大正天皇の病状が誇張されて広められた可能性もあると私はみています。

個人と天皇の一体化

前田　昭和天皇も天皇としての役割と個人としての内面に葛藤があったのでしょうか。

保阪　いえ、裕仁《ひろひと》（昭和天皇の諱）の時代になって初めて、天皇と裕仁がほぼ一体化しました。それは幼い頃から帝王教育を受けていたことが大きいと思います。明治天皇は、大正天皇に帝王教育を試みました。崩御の数年前から、自らが上奏を受ける場に皇太子（後の大正天皇）を立ち会わせようとしました。しかし皇太子はこれを嫌がり、たびたび避けていました。

明治天皇は自身が個人と天皇の葛藤を体験し、皇太子も同様であることに危機感を持ったのでしょう、皇孫である裕仁には早くから帝王学、「天皇のあるべき姿」を学ばせようとしました。裕仁は学習院で学びますが、院長に乃木希典陸軍大将を迎えています。ここで国語、算術、習字と博物、軍事学も学びました。

1914（大正3）年には東宮御所に御学問所を開設しますが、総裁は東郷平八郎です。日露戦争の日本海海戦でロシアのバルチック艦隊に完勝した元帥海軍大将。つまり裕仁は、当時の日本陸海軍のシンボルのような軍人のもとで学ぶことになった。御学問所では13歳から20歳までの7年間、帝王学を学びました。昭和天皇は、明治政府の指導者たちが求めていた「軍服を着た天皇」への道を歩んだと言えます。

前田　ただ、明治憲法の中で天皇は権限が制限される立憲君主でもありましたね。専制君主ではなく。

保阪　ええ。絶対的な国家元首ではありましたが、政治や軍事などは臣下に任せる。臣下の決定には異を唱えない。天皇自身が権力を行使することはない。一方で、責任を負うこともない。それが、近代日本の立憲君主制における天皇像でした。昭和天皇はそれを実現させました。そして「裕仁という個人」と「大元帥としての天皇」を自らの中で一体化させたと言えます。

前田　昭和天皇は軍部が米英との戦争に前のめりになる中でも、開戦を避けたがっていましたね。

保阪　ええ。開戦の年の１９４１（昭和16）年９月６日の御前会議、つまり政府と陸海軍の首脳、そして天皇が出席する会議が開かれました。当時、日本の中国や仏印（現ベトナム）への軍事侵攻などを巡り対米関係が悪化していました。アメリカは経済制裁を強め、日本側では対米戦辞さずという空気も醸成されていました。そこで、10月上旬までに対米交渉がまとまらない場合は、対米英蘭戦争を決意するという「帝国国策遂行要領」が作成されました。内閣と陸海軍それぞれの首脳が構成する「大本営政府連絡会議」がまとめたものです。

この御前会議で、「要領」が議題に上がりました。天皇は、御前会議では発言しないのが慣例です。昭和天皇はそれを破り和歌を読み上げました。それが明治天皇の「よもの海……」です。これは裕仁という立場での発言とみていいでしょう。彼個人としては、戦争はやはり避けたかった。

前田　陸軍も海軍も、軍事力でアメリカを屈服させることができないことは分かっていました。国力が違いすぎるので。にも関わらず戦争に踏み切ってしまったのはなぜでしょう。

保阪　軍部の「終戦構想」はこうです。まずドイツがイギリスを屈服させる。そうすればイギリスの同盟国であるアメリカも戦意を失う。それで有利な条件で講和できるだろう、と。

前田　極めて甘い見通しですね。ドイツがイギリスを破るという保証はない。仮にそうなったとしても、アメリカが戦意を失うとは限らない。むしろ「民主主義の孤塁として全体主義、ファシズムと戦う」と闘志を燃やして戦争を続けるかもしれない。

保阪　軍は天皇の説得にかかりました。時間が経つほど、米軍の戦争準備は進む。開戦するのは今をおいてない、と。裕仁という個人ではない昭和天皇としては、輔弼《ほひつ》する者たちが手続きを踏んで上げてきた案をちゃぶ台返しするようなことはできませんでした。

もう一つ。個人と天皇の一体化をより端的に表しているのが戦争末期の特攻の評価でした。

前田　十死零生の神風特別攻撃隊ですね。

保阪　航空機が爆弾を搭載したまま搭乗員もろとも敵艦に体当たりする、特攻です。1944（昭和19）年10月25日、フィリピン戦線で海軍が始めました。最初の特攻で、わずか5機のゼロ戦で米空母艦1隻を撃沈しました。正規空母ではない小型の護衛空母だったのですが、当時、日本軍の通常の航空攻撃では米軍に太刀打ちできなくなっていて、護衛空母でも近付くことさえ困難になっていました。だからこの特攻は「大戦果」でした。

天皇は報告を受け「そのようにまでせねばならなかったか」と口走っています。臣下の犠牲を悼む、裕仁個人の感情です。そして「しかし、よくやった」と続けたのです。これは大元帥として、臣下の戦士を称える言葉です。昭和天皇は自らの二重性を理解し、それぞれを乖離させることなく振る舞いました。

天皇の戦争責任

前田　第2次世界大戦では、日本人だけで310万人が命を落としました。これは厚生労働省の推計であって、実際はもっと多かったとも言われています。生き残った人たちも、心身に深い傷を負いました。国土も空襲などでめちゃくちゃに破壊されました。「従属的」と批判される対米外交も、この戦争に負けたことに起因していると言えます。また、明治の指導者たちと、天皇が築き上げてきた日本独特の立憲君主制は崩壊しました。こうしたことを踏まえて、天皇の戦争責任をどうとらえますか。

保阪 私達は天皇の問題を実に雑ぱくに考えすぎている。天皇に戦争責任はあるかないか、という問題の立て方はおかしいんです。なぜなら、あるに決まってるんですから。私は天皇制の反対論者ではありませんが、責任があるとかないとか論じること自体がおかしいと思います。おかしいって意味は、世間の常識、人類の常識、世界の常識に反すると。開戦詔書に署名し、また戦争を終える決断を下したその人に戦争責任がないとしたら、私達は近代社会の約束事として何を信じるんですか、と。現実に天皇のための軍隊であり、天皇のための国家で、天皇に戦争責任がないということは私達の国の最大のごまかしです。

前田 戦後一貫して、左翼を中心に天皇の戦争責任が追及されてきました。

保阪 そうした左翼イデオロギー、唯物史観でいうような形での昭和天皇の戦争責任とはまったく違う形の戦争責任があることを、国民の側から問うていかなきゃいけないと思います。どういうことかというと、政治的、法治的、社会的、人道的な責任。また歴史的な側面、開戦責任、継戦責任。それぞれの項目で、天皇に責任があるかどうかを私は考えます。開戦責任、１００％ありますよね。継戦責任ももちろんある。そうして個別化していくことによって、天皇にある責任とない責任を区別する。

天皇自身がどう考えてるか、という図もつくってみる。そしてそこに、自分の判断と天皇との間に差異ができるわけですね。つまり天皇は開戦責任は自分にないと思った。臣下の者が言ってきたので裁可しただけだと。自分が決定するわけじゃない、と。そうして自分と天皇との認識の違いが浮かびあがる。

戦争責任の問題でもう一つ考えるべきは、天皇と個人との問題なのです。その視点で私は説明していますが、つまり明治天皇と睦仁《むつひと》。大正天皇と嘉仁《よしひと》。昭和天皇と裕仁《ひろひと》。平成天皇と明仁《あきひと》。令和天皇と徳仁《なるひと》。というふうに、天皇と個人とを分けて考えてみる。

前田　昭和天皇は１９７５（昭和50）年9月30日から10月14日まで訪米しました。フォード米大統領主催の晩餐会で「私が深く悲しみとする、あの不幸な戦争」と述べています。日本国内では、天皇が公の場で戦争についての感想を話すことはありませんでした。それだけに、アメリカでのこの発言は天皇の戦争観を知る上で貴重であり、天皇が戦争責任を認めたものとして受け止められました。帰国後の10月31日に開かれた日本記者クラブ代表との会見で、戦争責任について発言していますね。天皇に戦争観に関する質問がぶつけられました。以下、引用してみます。

記者「陛下は、ホワイトハウスの晩餐会の席上、『私が深く悲しみとする、あの不幸な戦争』というご発言をなさいましたが、このことは、陛下が、開戦を含めて、戦争そのものに対して責任を感じておられるということですか。また陛下は、いわゆる戦争責任について、どのようにお考えになっておられますか」

天皇「そういう言葉のアヤについては、私はそういう文学方面はあまり研究もしていないので、よくわかりませんから、そういう問題についてはお答えできかねます」（『陛下、お尋ね申し上げます』）

保阪 この、昭和天皇の答えは非常に評判が悪く、天皇制を批判する人々がしばしば引用してきました。ただ、私は昭和天皇のこの言葉で彼を断罪するのは的外れだと思っています。前に言ったように、天皇は責任をとる立場ではありませんでしたから。

また、この会見では別の記者が原爆について質問し、天皇は以下のように答えています。「原子爆弾が投下されたことに対しては遺憾には思っていますが、こういう戦争中であることですから、どうも、広島市民に対しては気の毒であるが、やむを得ないことと私は思ってます」。この発言も厳しく批判されました。ただ、明治憲法体制の下で、天皇の肉声は国民とは遮断されていました。敗戦後も天皇は国民に直接話法で語る表現を持っていませんでした。そうした歴史的経緯の中で、昭和天皇のこうした発言を解釈する必要があります。

前田　昭和天皇と個人は、戦後も一体だったのでしょうか。

保阪　戦後、晩年まで昭和天皇から離れて裕仁になっていくべく努力をしていたように見えます。天皇と言えば「人間天皇」に。結局のところ、そうはなれなかったかなと私は思いますけれど。

3 「次の戦争」の現在地

現在の自民党は「保守」?

前田　ロシアのウクライナ侵攻やガザの戦闘ばかりでなく、中国には覇権主義的な動きも見られ、国際情勢が緊迫化しています。今という時代は「戦後」なのか、それとも「戦前」なのか。ここで、日本の「次の戦争」の現在地を考えてみたいと思います。

第2次安倍政権以降、日本の防衛体制は大きく変わりました。安倍晋三元首相には、日本を自ら戦える国にするという信念がありました。岸田文雄首相は、自民党の派閥、宏池会に所属していました。軽武装・経済重視というのが宏池会の基本です。岸田首相もそうなのだろうと見る向きもありました。しかし、実際には、安全保障政策の大転換や防衛費の大幅な増額など、安倍政権の路線を踏襲、拡大しています。安倍さんを支えていた保守派への配慮や、2024年秋に党総裁選を控えているという事情もあると思いますが、一方で国民的な議論の中で方向性を見いだしていく姿勢が見えません。

敗戦から79年、あの時に国民が誓った「もう戦争はしない。戦争はこりごりだ」という意識に亀裂が入っているように感じます。平和を空念仏にしないために、どんなことが必要でしょうか。

保阪　自民党は保守政党を自任していますね。本来の保守というものは、革新の一面を持っていると思います。自民党幹事長や宏池会の会長、衆議院議長などを務めた自民党の前尾繁三郎は、印象的な「保守」論を残しています。保守とは最も革新なのだ。保守は一日一日、革新することを言うのだ。1年先や2年先のことを暴力的にやるのではなくて、一日一日、改革・革新を重ねる、それが真正の保守だ、と言うのですね。私はなるほどと納得しました。そういう保守性を自民党は多分ある時期まで持っていました。かつての宏池会はそういう方向を目指していたと思います。今はそういう保守ではなくなっていますが。

自民党が本来の保守であった時代に、私は官房長官などを歴任した後藤田正晴さんに「あなたの評伝を書きたい」と申し込んだことがあります。１９９０年代終わりです。最初、「おれは評伝なんか書いてもらいたくない」と断られました。で、雑談していた時に台湾の話になりました。戦前、後藤田さんは内務省に入った後、徴兵されて台湾軍司令部にいたんです。たまたま、私は台湾の近現代史に関心があって取材をしていました。国民党がどういう経緯で台湾に落ち着いたのか、日本とどう戦ったのかなど。１９９０年代の初めに台湾に渡り、蒋介石（初代総統）の息子ら何人かに会って、国民党の話を聞きました。

それで台湾軍司令部のことを後藤田さんに話すと「君はなんでそんなこと知ってるの？」と関心を持ったようです。私が「興味があって調べました」と言ったら、後藤田さんはすぐ秘書を呼んで「この人と月2回の取材に応じる」と言われた。それから1年半、月2回、後藤田さんの事務所や自宅で取材しました。

そして本になったのですが、後藤田さんから早朝に電話がかかってきました。「なんだ、これは、おれはこんな男ではない。こんなもん出したらおれの顔が立たない」などと怒っていました。「増刷するな」とも言い、私が「そんなこと分かりませんよ」と言い返して喧嘩になったんですよ。

後藤田さんのパーティーに、私は誘われたので行きました。奥さんとは何回も会ってましたから、奥さんが近づいてきて、「保阪さん、本当にありがとう。あの血も涙もないみたいな後藤田を、人間味のある人物のように書いてくれて、もう嬉しい」って言うんです。後藤田さんも向こうから歩いてきて、「やあ」って、それで終わりです。それでかえって親しくなりました。

後藤田さんが「時々遊びに来い」と言うので行くと、彼はいろんな話を、オフレコの話も含めて教えてくれるようになりました。戦争も話もしばしばしました。彼は「君は分かっているだろうけど、私は護憲派だよ。私の目の黒いうちは絶対に憲法に手はつけさせない。私だけじゃない。例えば君は梶山静六を知っているだろう」って。

「護憲」だった後藤田正晴

前田　梶山さんは陸軍士官学校出身で、自民党の中では彼を「軍人」などと呼ぶ議員もいましたが、憂国の士でもありました。

保阪　私が「会ったことはないけど知っています」と答えると、後藤田さんは「彼は僕より凄い護憲だよ。伊東正義さんもそうだ。声高には言わないけど、僕らの目の黒いうちは憲法に手をつけさせない」と話していました。

前田 自民党は党是としては自主憲法制定、つまり憲法改正を掲げています。

保阪 しかし戦争を体験していた後藤田さんたちは、個人的には「憲法は、これでいいんだ」という立場でした。何度も話を聞くうちに、「ああ、この人たちは戦間期を絶対作らせない、戦間期の思想を決して持たない。そして日本は徹底的にあの戦争を反省して、二度とああいう帝国主義的な戦争をしないんだ」ということを身にしみて思っている世代で、同時代を支えているんだな、と感じました。

自民党で言えば、福田赳夫さんも非戦の人でした。彼は戦前、大蔵省の主計課にいた。軍に都合のいい予算を作れなど、軍にさんざん脅かされた。そのことを大蔵省の人から聞いたことがあって、福田さんに取材を申し込みました。ところが「私は話したくない、思い出したくもない」と。

前田 福田さんは、岸信介元首相の直系の保守政治家ですが、戦後政治史を俯瞰すれば福祉充実を図る保守改革派ですよね。後藤田さんに通じますか？

保阪 ええ。根っこには反軍閥。それから軍事を暴力化させてはいけないという考え方も共通しています。宇都宮徳馬さんもそうだった。そういう人たちが、実は保守という名の下で日本を支えていたのだと思います。戦間期の思想は絶対に持たないと。

前田　タカ派として知られていた中曽根康弘さんは、冷戦時代に同盟国のアメリカとの連携を強めて「日本を不沈空母にする」という趣旨のことを言ったとされる人物ですが、後藤田さんは、中曽根内閣の官房長官を務めましたね。

保阪　私は後藤田さんに「あなたは中曽根さんを監視するために、嫌いだけど官房長官になったんじゃないですか」と聞きました。すると彼が言うには「好きかと聞かれれば、好きではない。しかしそんな好き嫌いの問題ではない」、と。私は内閣を暴走させないために、やっぱり自民党がバランスを働かせていたと思います。その現代史的意味を、再評価する必要がある。そうでなければ、今の自民党のことを論じることはできないと思うのです。

4 二度と戦争をしないために

「戦間期の思想」

前田　後藤田さんたちが持たなかった戦間期の思想とは？

保阪　戦争と戦争の間、一番分かりやすいのは1918（大正7）年に第一次世界対戦が終わって1939（昭和14）年に第二次世界大戦が始まりますが、その間の21年間。これが戦間期ですね。この戦間期に熟成される思想があります。たとえばヒトラーの思想。軍事で失ったものは軍事で取り返す、軍事的復讐です。数年前、日本の若い代議士が「北方領土は戦争で取り返す必要がある」という趣旨の発言をして問題になりましたが、あの考え方が戦間期の思想なんです。日本も、この戦間期の復讐を受けています。

どういうことかいうと、日露戦争でロシアから南樺太を取り、さまざまな権益を取りました。それで1945（昭和20）年8月9日、ソ連は日ソ中立条約を無視して連合国軍として参戦しました。その時、ソ連の独裁者スターリンは外相のモロトフに「これでやっと復讐ができる。あいつらに戦争の時に取られたものを、全部取り返す」、と言ったんです。

一方で、私たちの国は1945年8月に戦争が終わった後、軍事で失ったものを軍事で取り返すとは一回も国策として言ったことがありません。私たちは戦間期の思想を、憲法も、歴史教育も、そして日常の私たちの生活でも、消しきっているという意味で、軍事的復讐ではない戦間期の新記録を作っている。それは誇っていい歴史だと思うのです。

前田　しかし今の日本の政治を見ると、グローバル社会ではあらゆる危機が感染症以上に早く、瞬時に世界を駆け巡るにも関わらず、言わば風任せのような状況です。腰が定まっていません。

保阪　歴史をもう少し俯瞰すると、80年の単位をどう見るかということですね。作家の山崎豊子さんがご存命の時、お話をうかがったことがあります。あの方が『大地の子』を書くに当たって、中国へ取材に行かれました。時の権力者だった胡耀邦（元総書記）に会った際、彼は「中国では歴史を見るのに80年は一つの単位だ」と言ったそうです。

世代が変わる。同時代的にはそこには存命していた時の人間関係があり、憎しみとかいろんな生の感情があったと思いますが、孫の世代に入ると、そういうものが取り払われて歴史的な見方になる、という意味なのでしょう。その話を聞いて、私たちも歴史的なものを解釈する時に、どういう時間の単位が良いのかをいろいろ考えるわけです。私も歴史の検証をやってきましたから、体験的な実感としての時間帯を持っているんですね。

それは同時代史から歴史へ移行するということなのですが、同時代史というのは、言ってみれば存命者がもうほとんどおられて、太平洋戦争に関して言えば、昭和20～50年代、つまり昭和はほとんど同時代です。平成に入って、徐々に同時代から歴史へ移行する。その時間帯が確実に実感できるのは、来年の戦後80年当たりの時期でしょう。

元号で言うと令和に入ってからは、歴史的理解という方向に変わっていく。もう完全に歴史の中に入っていくのだなという実感があります。それは8月15日、終戦の日の天皇のメッセージを見ても、昭和、平成、令和のそれぞれのメッセージを分析すれば、「あ、これが同時代から歴史へ入っていくんだな」ということが分かります。同時代の天皇が使う言葉と、歴史に入っていく今の天皇が使う言葉、それが全然違うわけですね。その微妙な違いを分析することによって、同時代から歴史に入っているなと実感します。同時に、そういうのは私の体験的実感の、同時代から歴史に入っているな、ということです。私が取材してきた人たちは、ほとんどが亡くなってしまいましたから、なおのことそう思います。

もう一つは、俯瞰図を描くと、１８６８（明治元）年、つまり明治維新が始まって大日本帝国というある意味で軍事主導の帝国主義的な政策を選択し、そして国を作ってきた。それが１９４５（昭和20）年に軍事的に解体した。１８６８年から１９４５まで77年。今、歴史上ではこれを近代史といいます。それで１９４５年９月以降、GHQによる占領が始まって現代に至るまでが現代史で、来年で80年。

前田　むしろ戦後の方が長く、現代史の方が長くなったわけですね。

保阪　77年の近代史の反省点が現代史の77年の反省点の中に活かされている。そして78年目にロシアがウクライナに侵攻しましたね。20世紀の帝国主義政策につながっています。1931（昭和6）年に日本が満州に侵攻した。それから1939（昭和14）年にはナチスドイツとソ連がポーランドに入ったのと同じやり方です。帝国主義的軍隊が圧倒的に強いから完全に押さえつけて、片方は満州国を作り、片方は、ポーランドを地図から消してしまう。そういう形の戦争が20世紀でした。

プーチンもそういう戦争を始めたと思ったのでしょう。ところがウクライナは満州国でもポーランドでもなかった。独力では力は弱いけれども、国際社会の中で支えるようになった。

前田 短期間で制圧できると思ったら、あてが外れた。現時点でどんな教訓があるでしょうか。

保阪 まず二つのテーゼが崩れていることを、私たちは知るべきですね。一つは「核抑止力下の平和論」です。これはプーチンは核兵器を使う用意がある、と言ったわけですから。実際には使ってはいないけれど、核を脅しに使った。核抑止力下の平和論というのは虚構であった、というのはだいたいみな知っているけど、それが現実にあり得ることを、プーチンの発言で分かったわけですね。もう一つはクラウゼヴィッツの戦争論です。

古典『戦争論』の見直しを

前田　プロイセンの軍事学者カール・フォン・クラウゼヴィッツですね。彼の没後、1832（天保3）年に刊行された『戦争論』で「戦争とは、他の手段をもってする政治の継続」としました。

保阪　要するに政治的な解決がつかなければ軍事、話がつかなきゃ暴力でということです。しかし今、ロシアとウクライナの戦争がそのテーゼを崩しています。つまり政治的に話がつかないから軍事的な発動をする。しかし発動した時点で負けというようなテーゼになっていくんじゃないか。

つまり、ロシアがウクライナに勝ったとしても、100年、200年という怨念がウクライナの人たちに残る。また国際社会におけるロシアの評価、負のイメージ、汚名は容易には払拭できないでしょう。ロシアがもし勝ったとしても、その何倍もの不名誉な形の汚名を着ることになっていくでしょうね。

この二つのテーゼの問い直しが始まると私は思っています。その時、戦間期の良質な思想を守っている日本が一番発言しやすいところにいる。核抑止力の平和論の中で、「じゃあ、おれたちも核を持とうじゃないか」というのは一番単純で、安倍元首相もそんなことを主張していましたが、そうではない平和論を新しい理論として示すことが一つの役割としてあると思います。

戦争はともすると産業になりがちです。たとえば次々と新しい高性能の兵器が開発される。科学の発展の中で当然です。それを廃棄処分にもできないから戦争になる。戦争になれば一時的に景気が良くなって、雇用の問題が解決することもある。そうして、人類は戦争を産業にしてしまった。

しかし人類史の中のイデー（理念）として、戦争を抑止するための論理が必要です。戦争を止める時に、私たちの国は江戸時代の260年で外国と1回も戦争しなかったこと、現代史を振り返っても、明治から昭和の敗戦まで77年間はひどいことやりましたが、その後は戦争をしていない。その歴史の世界的な意味を問い直した形で、それを踏み台にしながら論理を作れないか、それをやはりやるべきだと思います。その際に、単に被爆国だということを叫ぶことじゃないと思っています。被爆国だということを教訓化した時に、どういう哲学や思想を生み出したのか。それが世界的に通用するのか。まだそれを生み出すことはできていませんね。

前田　日本は戦後79年、戦争をしませんでした。しかしこれから50年、１００年大丈夫ですかといった時に、戦争責任の処理があいまいというかいい加減な国は、やはり脆弱なのかなと。戦争をしない国であり続けるために、何をすべきなのか。どうしたらいいのか。教訓から学び取れるものがあれば。

保阪　１９９７（平成9）年、ソ連崩壊後のロシアに行って共産党やＫＧＢの人間に会いました。私と同い年が何人かいて、ある時「お前、日本で大変な時代だったろう。どこの戦争に行ったんだ」と聞かれました。「戦争に行ったことはない。鉄砲も握ったことない。軍隊に行ったこともない」と答えたら、「えっ、お前の国、軍隊あるじゃないか」と言う。「いや、行ったことないし鉄砲も触ったことないよ」と答えたら、「えーっ」、て驚いていました。さらにベトナム戦争の時の話になって、彼はソ連軍が撃墜した米軍機のパイロットを尋問したというのです。「パイロットだけでなくいろんな職種の人間が乗ってるから、本当にパイロットか、それとも情報要員か、それを見極めるんだよ」と。質問してわかるのかなと思ったのですが、「分かるよ」と。「お前アメリカの出身はどこだ。「テキサスのなんとかいう町の雑貨屋の息子で、こんなことやらされて」とパイロットが答えると、「本当にそれがテキサスのなんとかという町の雑貨屋の息子かっていうのは次の日わかる」と。ロシアの情報網がアメリカに入ってるんですね。「それでどうするの」と聞くと、「それからは言えない」。拷問したりするんでしょうね。

さらにハンガリーの暴動の時にどうしたとか、アフリカのルワンダの時はどうしたって言うんですよ。それを聞かれた時も、同じ世代なのに、彼は私が鉄砲を持ったこともないってことに本当に驚いていました。

アメリカのピーター・ウエッツラーという研究者もそうでした。『昭和天皇と戦争皇室の伝統と戦時下の政治・軍事戦略』などの著作がある天皇研究の学者です。私は親しくなり、いろいろ話した時に、「保阪さんはどの戦争に行ったの」と聞かれて、「いや、日本は戦争してないから行ってない。鉄砲を握ったことない」と答えるとやはりびっくりする。彼はベトナム戦争へ行って学費を稼いだんです。で、その戦争体験がトラウマになっている。

別のアメリカ人の研究者とホテルのバーで話していた時に、やはりベトナム戦争の話になりました。「こういうこと言いたくないんだよな」などと言いながら、トラウマになった時の話をする。泣き出すんですよ。「年端もいかないような子ども達を撃った」などと言いながら。そういう経験を戦後日本の私たちはしていない。各国の同年代の人たちがみんな鉄砲を持ったりなんかしてる時に、私は鉄砲も持ったことない。

日本人の古い世代、戦地に行った人たちにもそういうトラウマがありますが、ケアがちゃんとされてきませんでした。だから私はずいぶんそういう兵隊さんたちの話を聞きました。私はある工夫をしました。「私はあなたが体験した中国での戦争の話を聞きたい。よければ茶の間や客間でお茶飲みながら話すのではなく、どこか外に出てたとえば川の土手で。日常から離れないとあなたが話せないだろうから」と言うと、みな「その通りだ」とうなずきました。「日常から切り離して話すという心配りを、あなたはどこで覚えたのか」とよく聞かれましたけどね。そうやって語ったくれた人たちはみな亡くなってしまいました。「誰にも話したことがなかった」という体験、抱えていたものを泣きながら話してくれた場合もあります。戦争しないことは、それだけでも生きているだけで、何の精神的負担がないんだな、と思いましたね。

前田　その歴史は、言わば財産ですね。これからも非戦の国であり続けるための。

80年間の非戦を財産にする使命

保阪　すごいことはすごいけれど、考えればなにか妙な感じがしますね。日本に生まれて、「戦争反対」と言えるのはそれで幸せなんだけれど。逆に言うと、だけどそのこと自体は何なんだろうと考えることがあります。戦争に行って、70代、80代になってもトラウマになっている。涙を流す。私と同世代のロシアの連中は、「うらやましいよ」と言う。私自身は人を殺していないし殺されそうになったこともない、ということでいえば、日本の国籍を持っていることで良かった。これは凄い強みだと思います。必要なのはこの強みを思想化していくということ、あるいは生活の中に持ち込んでいくことです。「良かったな」だけではなく。戦争を経験していない、鉄砲を持ったことすらないということを個人的な、ある時代のある国の僥倖として済ませるのか。それともこれ自体が何かの先駆的な意味を持っているのか。あるいは何かここから生み出すという、歴史の使命感を与えられているのか。いろんな発想ができると思います。私は使命感を与えられているのだと思います。

民主主義の「影絵」

前田　ただ、政府は「かつてない厳しい国際環境」などを強調しつつ「新しい戦前」を前提にするような準備を進めています。国民の多くは戦争を望んでいないと思いますが、民主主義の国で、戦争を食い止めるためには何が必要でしょうか。

保阪　知人が言ってたんですが、「民主主義の後には、いつも影絵のようにファシズムが付いてくる。民主主義は手ぬるいし、手間もかかるし、鬱陶しくなる。早く結論を出せと言うような人もいるだろう。『民主主義に疲れた、もういいよ』と。影絵のファシズムが出てきて、勇猛果断に決めていき、すごく政治がてきぱきしてるように見える。それがファシズムなんだよ」と。後ろで影絵のように付いてくるのがファシズムだというのが「新しい戦前」という言葉の意味だな、と思います。

前田　新型コロナの間、日本はさまざまな面で政策決定に時間がかかりましたね。一方で中国は監視カメラ入れて国民を管理しながら、どんどん平気で人権に踏み込むことやって、それで抑え込もうとしました。で、「あれがいいんじゃないか」といった議論が日本の中でも一時、広がりましたね。こんなことで人間は簡単に変わるんだって、びっくりしました。

保阪 同年代でノンフィクション作家の鎌田慧さんが「保阪さん、我々の年代はね、民主主義を次の世代に伝えるのに失敗したんだよ。そこから出発しないとダメだな」って言ったのが印象深い。なんで、って言ったら、「結局、戦後民主主義をうまく体内に吸収して一つの形として出すということはできていない。それは今の若い人達の責任のように思われがちだけれど、そうではなくて我々の責任なんだ。我々が彼らに対して伝承する力が弱いから失敗したんだよ」と話していました。

我々の世代が戦後民主主義教育を受けてきて、結局なんだったんだと。あの戦争をどう理解したかを次の世代に伝えていないじゃないか、それが今の若い世代の理解の欠落になっているのではないかと。私もそう思う。

作家の立花隆さんも同じような危機感を持っていました。彼の晩年に二人で話をしたことがあります。「保阪さん、俺もね、昭和史とか歴史を語ることを最後にやりたいんだよ。若い学生には不満を持っているんだ。あの戦争と今とが地続きであることが分かってないんだよ。あの戦争がまるで江戸時代かずっと昔のどこかの話だと思っていて。これ大変なことになるよ」「だから自分も最後はね、歴史は地続きだってことを言っていきたいんだよ」。

前田　日本はまがりなりにも第二次世界大戦の敗戦から79年間、戦争をしていないので、「地続き」という感覚を持ちにくいのでしょうか。ただし世界を見回すと、大戦後も戦争が続いています。第二次世界大戦が終わって東西冷戦に入った。冷戦終結後は世界各地で戦争が頻発しています。近年でもロシアがウクライナに侵攻し、ガザでも戦争が起きている。また、中国とアメリカの対立がどうなるかも不透明です。そうした中で日本はどうするのか？　国家として、国際社会にどう関わっていくのか。アメリカの方針、意向をうかがいながらその場しのぎの外交を続けている。

石橋湛山に学ぶ

保阪　結局、先達が明治から近代史、現代史の中で残した資料、残した証言、残した記録の中で、誰が一番私たちに訴求力を持って迫るのかを見る以外にはない。私は誰の話を聞きたいか、誰の意見に立脚するのがいいのかと言えば、結局、石橋湛山（元首相）になると思いましたね。

5、6年前に作家の井出孫六さんが、「石橋湛山を読む会」をやろうと呼びかけたんです。半藤一利さんや私など何人かで勉強会やったんです。その時に、日本の言論人、近代史の中では、石橋湛山と桐生悠々（信濃毎日新聞元主筆）じゃないかと。この人達を忘れたら日本のジャーナリズムは存続し得ないんじゃないか、もう一回彼らを読もうということになった。それで、「石橋湛山を読む会」が始まったんです。井出さんは2020（令和2）年に残念ながら亡くなり、会は自然消滅しましたが、半藤さんと「石橋湛山を復権しなきゃいけない」と話しました。石橋湛山を国家的な、国民的な財産にしていく必要があると井出さんはお考えになっていた。

石橋の残した物を読み進めるにつれ、国際社会に語り継ぐべき貴重な存在だと感じました。このような人物を存在せしめた日本社会はある健全さを持っていたと思います。

前田 具体的にはどこに惹かれたのですか。

保阪 彼が『東洋経済』で書いてる評論、持論が、一つの方向性だと思います。それは何かと言えば三つのポイントがあります。一つは帝国主義、大日本帝国主義っていうようなものを廃する。彼は、「小日本主義」という言葉を使っています。日本は、海外に出て植民地を持つ必要はない。それは経済的にけしてプラスにならない。しかも、植民地にされた国の恨みとか歴史的怨念とか、そういうものを付加していくとプラスにならないと早くから言っている。

もう一つは、軍事というものが国家の、社会の前面に出てはいけない、政治が軍事をコントロールすべきだ。三つ目は、彼の生きた時代には、彼の言葉ではまだ出てないんですけど、基本的人権、市民的権利が容認されていないのはおかしい、と言っている。例えば女性の権利はなぜこんなに低いのか、と。

前田　石橋評をもう少し詳しくお願いします。

保阪　二つの視点から見る必要があります。まずは長期的視点です。

①　同年代の歴史的人物との対比を通してみる教育内容
②　真正保守という識見、理念を理解する人的系譜
③　実学のあり方を身をもって示した知識人の先達
④　言論を権力との戦いの武器に用いた能力と精神

①について言えば、同じ1884（明治17年）生まれの東條英機、山本五十六と石

橋を比較してみると、さまざまなことが分かります。さらに官僚として「農政の神様」といわれた石黒忠篤をあげても良い。近代の陸軍、海軍での人材教育と私学の独自の学問体系を学んだ人物の歴史的普遍性、私たちはどちらに価値を見出せるだろうか。近代の官制のカリキュラムがいかに人材の養成に失敗したかをこの比較の中から見ることができます。

②については、保守にはいくつものパターンがありますが、真正保守は例えば福澤諭吉らを頂点に識見、意見を明確にしています。石橋には真正保守の真の系譜を守ったという評価を与えるべきでしょう。

③の実学とは、社会にあって、自らの努力で、自らの頭脳で、さらには自らの感性で学び、それを社会に還元していく。石橋の人生は実学の人生です。彼は日蓮宗の寺に生まれましたが、宗教書以外も幅広く読み、独学で経済や外交の要諦を学んでいきました。こういう人物はそうは多くはない。

④は石橋は、歴史的には言論人としての闘い方を定着させた人物です。言論の持つ真の意味は、その戦いを狭い範囲に限定しながらだけではなく、広く人類が獲得した基本的権力と見て、重視するほどの戦いであった。これらの点を検証する必要があり

ますね。

前田　短期的に見ての評価はいかがですか。

保阪　彼の生きた時代に限定し、その範囲内で石橋を解析していく。石橋の役割も限られるが、それでも桁外れであるとの人物像が浮かんできます。つまり

①　近代史の言論人と現代史の政治家

②　宗教と経済の合理的融合

③　軍部からの弾圧とＧＨＱからの追放

です。①の近代史で言論人として生きた石橋は、言論が果たしうる役割とその限界を身をもって知りました。戦前から発信していた自らの言論を、実践活動の場で試していくと言うのが戦後の生き方でした。一身をもって二世を生きることにもなりましたが、首相の座についても健康状態を崩して志を果たすことはできなかった。しかし自民党の中に保守哲学を植え付けた功績は大きいですね。

②は宗教の布教、あるいは広宣流布という側面で捉えがちです。しかし石橋は自らの経済理論には、日蓮宗の僧侶としての顔は一切出しませんでした。ケインズなどの経済理論を自らで学び、その理論から現実社会を見つめ、そしてリベラルな社会的意

見を世に訴えました。

その意味では石橋は自らの信仰を言動の原点に据えていたにせよ、しかし経済理論、社会分析の理論は、別のものであると一線を引いていました。それは強権力に抵抗する時の、あるいは弾圧を受ける時の自らを守る重要な武装という風に考えていたとも言えます。

③の軍部からの弾圧、GHQからの根拠のない追放は、自らの言論や行動に不当に言いがかりをつけてくる時には石橋は一切妥協しない姿勢をとっています。

戦前で言えば、石橋は帝国主義、大日本帝国主義というようなものに反対する。さらには、軍事が社会の前面に出てはいけないとか、女性の権利の低さへの批判でしょう。それから例えば乃木神社を造るというようなことへの、あるいは明治天皇のある種の偶像化するような空間を造ることに対して反対をしてるんですね。

吉田茂の「保守本流」とは

前田 石橋は戦後、吉田茂内閣で大蔵大臣に就任しましたが、GHQによって公職追放されています。

保阪　大蔵大臣になって、ＧＨＱの将校が私用の経費を予算に乗っけてきて「敗戦国なんだから支払え」とでもいうように押しつけてきました。石橋は「そちらの国の問題」というように、原則はきちっと言える。それはＧＨＱから見ると「生意気だ」ととられて結局パージに遭うわけですね。「軍事政策に協力した」という理由で。そんな理由でパージに遭うのは石橋にとってプライドを傷つける何ものでもなかったでしょう。

軍部にしろＧＨＱにしろ、ある権力が社会に広がり、まさに全ての人に網がかかっていく時に、石橋はそれに諾々と従ってはいない。そういう人格の根の部分に石橋は何を据えていたのか。石橋を望遠鏡で見た場合と顕微鏡で見た場合の視点のあり方を整理してみると、自らの人生に対して自らが責任を持つという人生観を持っていたのでしょう。石橋がそうであったように、私たちの人生には葛藤期がある。そして戦わなければならない時は戦わなければいけない、といった当たり前のことが理解できてきます。

前田　石橋が公職追放になる時、首相の吉田茂は彼を守ろうとはしなかった。

保阪　吉田のところに怒鳴り込んだんですよ。吉田はそうすると、まるで蚊に刺されたかのごとく、「ちょっと我慢しろ」と言う。それで石橋と吉田の友情は切れるんですけれども。石橋と吉田の考え方の分かれ目は、権謀術数の中で生きる政治家と、信念を通す気骨のある男との対立だったと思いますね。

さらに言えば、外交政策も大きく違っていました。吉田は親英米派です。その内実は占領政策の中でアメリカが望んだ形、つまり「日本という国を永久に戦わせない一つの国」にして組み込む、戦わせない国家にするためという政策に沿って国の再建をしたのが吉田でした。吉田の本を読めば分かりますが、彼の歴史認識では日本の近代史は何の間違いもなかった。1931（昭和6）年の満州事変までは。あの時から1945（昭和20）年までは変調を来した、というんですね。それ以前は、英米との中で揉め事があっても、協調路線の中の路線を継いでいた、と。ところが満州事変で軍が出てきて、この軍が路線を壊していった。だから変調を来してきた。そういう認識です。

つまり彼は、ペリーが来て砲艦外交によって開国させられ、さらに帝国主義を歩んだその道筋を、なんら否定していない。明治維新から昭和6年の満州事変までは間違っていなかった。軍が出てきてとんでもないことをやった。

吉田茂はその後の占領政策の中で何を企図したかというと、この変調した空間を飛び越えて、昭和6年と敗戦後の間を実線で繋ごうと。それで親英米派の道を歩もうした。

具体的な政策は軽武装。武装はどうぞアメリカがやって下さい。経済で私達は復興します。そして国策は全部アメリカ、イギリスとの外交政策に追随します。共産党の勢力が入ってきてそれがかなり強いから、それについて私は、あなた達の力を借りながら弾圧しますと。アメリカが期待する極東アジアの軍事拠点としての位置づけというのが、結果的に親英米派の吉田の歩んだ道、「保守本流」の実相だったと思いますね。1951（昭和26）年、吉田は首席全権としてサンフランシスコ講和条約に調印しました。

前田　当時はソ連などを含んだ「全面講和論」と、それを除外した「単独講和論」で世論が割れ、たとえば東大総長だった南原繁は「全面講和」を主張しました。吉田は南原を「曲学阿世の徒」と批判しましたね。

保阪　吉田は単独講和路線を選び、日本は国際社会に復帰しました。しかし実際は占領下の屈辱的な内容をそのまま継承した、アメリカの半属国みたいなものでした。

昭和史における「松明」

保阪　一方、石橋湛山はアメリカだろうがフランスだろうがドイツだろうが、理に反するものに対しては、俺は許さないと反対する。後に首相になった時に打ち出してた考え方の中に二つのポイントがある。一つは憲法9条の凍結案です。「これは人類の理想である。しかし、今すぐこうはならない。現実に対応してやっていこう」、という。私はこの憲法9条凍結論は理に適っていると思う。

もう一つは、米英中ソと個別に安全保障条約を結ぶという構想です。先見的なある種の政治性を持っていると思います。彼のこうした発想には独学の強さを感じます。原書でケインズを勉強し、マルクスを読み、経済理論を自分で構築していった。そうした努力が気骨のある対英米政策、服従ではなくソ連や中国も意識した中立、あるいは憲法の凍結案などという政策に結びついたのだと思います。

実現はしなかったけれども、彼が戦後の年譜に綴られているだけで、私達の国はなんかほっとする。良心が、つまりある種の先見性を持った人があの時代にいたことで、いきなり「憲法改正、再軍備」を旗印にした鳩山一郎から「安保改定」の強権的な岸信介へと続くのではなくて、その間に石橋湛山がいたことによって私達は昭和の歴史の中のある松明を見ることができる気がします。

前田　戦後日本の外交基軸は日米同盟。日本はその中で経済発展を遂げた。冷戦構造が崩壊する中で、「やっぱりそれで良かった」と総括されがちです。ところが21世紀に入ってきて、アメリカは変調を来し、アメリカが作ってきた世界秩序が壊れてきた。日米同盟という選択肢は相変わらず大きいと思いますが、「これ一辺倒で日本はいいのか」という疑問が出て来た。ロシアや中国も包括した世界の秩序づくりの中で、日本は何かをしなければならない。そうした中で、石橋の先見性が改めて注目されるということですね。

5 記録と教訓の継承

資料を残さない日本

前田　二度と戦争を繰り返さないためにも、記憶や記録の継承が不可欠です。この点について、保阪さんは御著書で、①戦争体験世代の教訓はその国の歴史的遺産である、②ある世代の戦争体験は非体験世代の身代わりである、③戦争を選択した指導者は何世代にもわたり責任を問われる、④国が国民の生命と財産を守る義務を放棄した罪が大きい、⑤戦争の相手国の記憶と記録に対峙する覚悟が必要——と、記しています。いずれも、戦闘が終わっても戦争の影響が終わらないこと、であるがゆえに私たちは世代を超えて戦争の記憶と記録を継承していかなければならないと感じました。そのために、何が必要でしょうか。

保阪　まずは自分たちのやってきたこと、事実の確定ですね。どう解釈するかはまた別の問題です。まずこの事実、こういうことがありましたよ、ということをきちっと押さえていかないといけない。以前、ある新聞社の依頼がありました。「戦争報道を、今までのようなものと違う形でやりたい。20代、30代の若い人たちと対談してほしい」。映画監督、ジャーナリストとか小説家など。第二次世界大戦をテーマにした創作や報道、研究をしている人たちでした。

その中の一人に、祖父のことを調べている女性がいました。祖父がマーシャル群島に行き、戦争でひどい目に遭ったと聞いた。しかしマーシャル群島の戦は日本ではあまり整理されていない。彼女はマーシャル群島に渡り、現地の会社に2年間勤めて、つぶさに調べたのです。当地で日本が戦争でどんなことをしたかを調べました。

同時代から歴史に移行する前に、積み残しになったり隠されていたりする事実がある。それでも新しい世代で、義憤を感じて、コツコツ調べている人が日本にもまだまだ結構いる。驚きました。私たちが戦争を語り継いできたものの、多くの欠落がある。それを、歴史の現場に行って調べようとする。欠落を自分で確かめてつないでいこうとする。そういう人たちがもっと増えればいいと思います。サポートしたいと思いますね。

前田　戦争体験者がいなくなる中、若い世代のそうした活動は貴重ですね。国としても支援が必要だと思います。しかし深い調査の土台となるはずの資料が、遺族の高齢化もあって散逸していると聞きます。せめていろんなところに埋もれ、分散している資料をどこかできちっと集めて整理していくことぐらいはできると思いますが。

保阪　日本は資料の収集、整理、保管を組織だててやっていない。大学などの研究機関、個人でも近現代史に関する膨大な資料を持っている人たちがいます。ところが本人が亡くなると引き取り手がなく、宙に浮いたり外国に渡ってしまうことがあります。

私がソ連崩壊時に訪ソした時、アメリカの研究機関やメディア関係者が多数来ていました。たとえばアメリカのある大学は、共産党大会の第1回から第70何回までの共産党大会の資料を全部買って持っていったんですね。それで2030年にその研究成果、分析した全集が出ると言われています。アメリカのナショナルアーカイブやナショナルレコードセンターにも行ったことがありますが、アメリカは資料を徹底的に保管しています。日本も本来は国家として、歴史の検証をするためにそうした資料が収まるナショナルアーカイブを造る必要があります。

歴史の検証と言えば、後藤田正晴さんに聞いた話があります。1971（昭和46）

年に彼が警察庁長官になった時、長官になると必ず西側の警察の責任者を歴訪する慣行があるそうです。イギリスへ行く時、秘書が「どんなものがお土産にいいですか」とイギリス側に問い合わせたら、「日本にあるゾルゲの資料の本のリストを見たい」と言ってきそうです。

前田　ソ連のスパイだったゾルゲですね。太平洋戦争開戦の１９４１（昭和16）年に検挙され、１９４４（昭和19）年に処刑されています。

保阪　日本人にとっては、とっくに終わった話です。ところが、イギリス側は終わった話としてみていない。共産主義の流れをずっと追っている。後藤田さんは「あちらは、歴史の解釈が違うんだなあ」と。１９７１年にゾルゲの資料を収集しようとしており、歴史との向き合い方が違うんですね。後藤田さんも「驚いた」と話していました。

前田　日本の場合は、残さない。敗戦に際しては時の鈴木貫太郎内閣の閣議決定や軍の意向で、公文書をずいぶん焼いてしまいました。資料の継承に対してずさんな姿勢は、国としての大きな損失ですね。

一方で、同じ敗戦国のドイツは、戦後再出発するに当たって徹底的にナチス否定をやりました。日本はあの戦争をしっかり総括できていない。ケジメをつけていない。

国民の共通認識と共通基盤みたいなものができていない。だから、日本はアジアの植民地解放のために戦ったと考える人たちがいて、一方でいや侵略戦争だったと確信している人たちがいる。日本とドイツでは、どうして歴史との向き合い方、自分たちの責任との向き合い方がこんなに違うのでしょうか。

保阪 ドイツのジャーナリストと話をして一つだけなるほどと思ったのは、彼らは「日本人だと安心する。戦争で負けた国同士で、ひどいことをやったという共通点があるから」、と。私は「ドイツほどひどいことはやってない」と反論したんですが。ただ彼は、いろんな場所に取材に行ってて、ナチスの時代についていろんな話が出てくるので、ものすごく怯えた時期があると言っていましたね。「イスラエルの人」なんて聞くと、もうそれだけで言葉が出なくなる。アメリカ人と話してると、相手が「ナチスの時代にあなたのお父さんは何やってたの」なんてすぐ聞くから、つらいと話していました。歴史とぶつかりながら生きていくっていう苦しさを味わった国と比べると、我々はそんなに歴史とぶつかりながら生きて行くほど外に出ていませんでした。

その意味で言うと、私たちは内向きで戦争をとらえていて、内向きの議論をしている。それで国際社会へ目を開いて歴史が動いていく姿を、あまり見ないようにしていたのかもしれない。

戦争の総括ができていない

前田　日本は１９６０（昭和35）年から高度経済成長期に入り、貿易立国という形で世界に市場を求めました。世界と関わりを持っていくためには、お金だけじゃなくて、いろんなものの考え方とか、文明論とか、あるいは戦争に対する向き合い方とか、教訓とかが、ある程度必要だったと思います。経済大国といっても、世界の中で重要な地位を占めていくのであれば、本来すべき戦争の総括をしっかりとやってこなかったのが不思議でなりません。

保阪　なぜ総括できていないのかと言えば、国民が主体的にあの戦争を戦ってないからだと思うんです。軍がお前たち戦って来いと言ったから、それで戦う。国民が納得した戦争ではなかったことが、私は基本的に問題なんじゃないかと思うんです。

１９４１（昭和16）年12月8日、天皇の開戦詔書が出ますが、当時の東條内閣は国民にではなく、天皇に責任を負ってるわけですから、国民にこれっぽっちも戦争のことを説明しなかった。国民は「おれたちは何であの戦争に行ったんだろう、なんで鉄砲担いでニューギニアまで行ったんだろう」といった自分の疑問点を解くような検証をやっていないと思います。国民的な了解と言えるような「こういう戦争だった」という総括が戦後79年の今もできていない。できてないから、歴史修正主義者のような見方の人たちがいて、それに動かされる人も出てくる。

前田　たとえば日本の戦争は、欧米の植民地だったアジアを解放するための戦いだった、という歴史観ですね。

保阪　普通の歴史の流れから言ったら、大航海時代から帝国主義時代に入って、その帝国主義時代の力が弱まっている時に、新しく入り込んできた帝国主義国家が挑戦した。その挑戦の時に理念として、古い旧体制の帝国主義国家を壊す理念というものを日本が持ち得れば、凄い戦争になったと思います。「私たちは軍事的に弱いかもしれない、しかし人類史の中で本当に歴史を正しい道というか、帝国主義的な道から直していくためには、どこかの国が一度犠牲にならなきゃいけない。その犠牲をあえて甘受する」というような高邁な思想を開戦詔書に入れたなら、あの戦争は違う問題を投げかけたと思います。しかし、そういう理念、思想を持ち得なかった。それだけの理念的な含み資産を、国家として持っていなかった。だから太平洋戦争で3年8カ月も迷走した。あの戦争の中にある種の人類史の正当性を訴えるようなものがあれば、私は99％戦争には反対だけど、その理念、正当性のためにみな死んだのだと思うことができたでしょう。しかしその１％がないんです。

前田　せめてその１％があったら、戦後の日本の在りよう、歩みも違ったでしょうね。

非戦の思想を縦と横に

前田　日本を取り巻く国際情勢が緊迫化する一方で、偏狭なナショナリズムを感じることもあります。大国が地盤沈下するのと反比例するように偏狭なナショナリズム、排他主義が広まりつつある。また戦争への坂を転げ落ちることのないように、何をすべきか。国として、各地域で、あるいは一人ひとりの個人ができることがあるのか。そのあたりをどうお考えでしょうか。

保阪　立花隆さん、鎌田慧さん、私とは戦後の同世代なんですが、みんながやっぱり戦後民主主義をきちっと継承しないといけない、という思いが根底にあります。我々自身が味わってきたいわゆる平和、武器を持たず戦争もしてない、そのこと自体を次の世代、その次の世代に、できれば縦の線の日本だけじゃなくて、横に広げていく。日本だけではなくいろんな国が、そうなってほしいと願うことが起点だと思うんです。

出発点に立った時に、何をすべきかを本当は立花さんと議論したかったんだけど、その時間がなかった。もし議論するとしたら、最初は、メディアとか、歴史教育とか、基本的人権が守られている社会かどうか、というような社会のファクターが充実しているかというところから入りたいと。

なぜかというと、ノンフィクションを書いていて、正直言うと、時々、怖い権力ってあるわけです。特定のイデオロギーだけを信奉する団体、過激派のグループなど。ある種のジェンダーに代表される信念の強い人。そういった人達の抵抗ないし抗議は、私達にとって、考えなきゃいけないことなんだけど、そういった声が、何かを圧殺するんじゃないか。そういう声によって圧殺されてはいけないものを含めて見据え、私達は覚悟を決めなきゃいけないんじゃないか、ということを言いたかった。覚悟を決めるっていうのは、歳を取って来たからもう怖いものがないから言えるんだろうけども。

この点では、国としてやるべきこと、それから個人としてやるべきことがあると思います。国としてやるべきことは大別して三つあります。まずは、教育。それからもう一つは、国の責任において、過去の戦争の総括をする。三つ目は、歴代の首相、首相経験者は必ず退陣3年か5年以内に自分の在任中の報告書を国民に発表する。白書と言ってもいいですが。それを必ず公表する。最低限そのくらいのことは是非実行してもらいたい。

教育とメディアが両輪に

前田　教育に関して言えば、具体的にはどんなことが必要でしょうか。

保阪　私達が79年間、鉄砲を撃たなかったことの幸せ、幸福感と、戦争や紛争が絶えない国際社会の中ではもしかしたらそれはエゴイズムかもしれないという感覚、そういう矛盾するような問題をきちんと整理するような論理を持った言い分を伝える必要があります。強制的にやってはいけませんが、教育の中で戦争に対する拒否感情をどうやって起こし得るのか、考えどころです。

前田 授業などで「反戦」について考えるということですか。

保阪 小学校の1年から6年までを通す副読本が必要だと思います。近代日本の戦争について書いた本です。戦争を讃美するとか否定するとかではなくて、戦争がいかに私達の日常を崩壊させていくのか、ということを手記や証言などで伝えるもの。戦争への忌避の感情が起こるような副読本です。戦争になると、日常のモラルが逆転することだけでもいいから教える。人を殺してはいけないという当たり前のことが、戦争になれば人を殺すことが善だとなるような。道徳とはまったく別の形の副読本です。地域が教育に参加する、社会が参加する、なにかそういった新しい教育のシステムを考えないといけないのかな、と思います。

前田 ご自身は1939（昭和14）年のお生まれで、教育としては戦後民主主義の第一期生ともいうべき世代ですね。どんな平和教育を受けたのでしょう。

保阪 私は、北海道南部の八雲町の小学校に通いました。戦争から帰ってきた先生たちが教えていました。教師が授業やっている時、突然、「みんな自習しなさい」と。窓際に行って、外を見て、泣いてるんですよ。のちに私はその先生にどうして泣いていたのかをなんとなく聞いた。すると「戦争で死んだ仲間を思い出した」「戦争のことを思い出した」と。そういうことは、私だけの体験ではなくて、戦争が終わった教育の現場では日常的にいくつもあったと思う。

それでも、私たちが「戦争の話をして下さい」と言うと、嫌々ながら話をする先生がいました。小学校4、5年になると、「大きくなったら何になりたいか」、という作文を書かされました。クラスメートで、ちょっと利かん気のやつが「陸軍大将になりたい」と書きました。担任の先生がその生徒を前に呼び出して、厳しくしかりました。「そんな時代じゃないんだ」、と。

前田　その子どもの家庭には、まだ戦争が存在したのですね。

保阪　私は生徒を叱った先生を「なんて理不尽なんだ」、と思いました。この先生はそんな時代じゃないって言うけれど、この子はうちに帰れば親父が陸軍大将になれというこことを励みの一つにしてるはずなのに、と。

つまり戦争が学校にいろんな形で影を落としている。戦争とはなんと悲惨なのか。お父さんが死んだ子どもがいました。授業の作文で「私のお父さん」という題が出ただけで泣き出す。先生が「ごめんごめん」と言うけれど、その子にとってみれば大変な苦しみだったのでしょう。そういう戦後の風景は数多くありました。

前田　立花隆さんが語っていた昭和の継承とは、もう少し具体的にどんなイメージだったのでしょうか。

保阪　彼が亡くなる10年くらい前から時々二人で話をしました。『田中角栄研究』や『宇宙からの帰還』など多数の作品を残して、天才的なところのある人でした。彼が私に言っていたのは「結局は歴史をきちんと語り継ぐことが最後の仕事だと思っているんだ。あの戦争を語り継ぐことをやりたい。やろうよ。チーム組んででもいいからやろうよ」、と。

彼は、東大にゼミを持っていました。「若い人に話しても、軍国主義のあの戦争の時代が、まるで異空間のように思っている。そうじゃないんだと。連続しているんだと。地続きなんだと。昨日の話なんだと。それなのに、若い人の中では切り離されている。これはなんなんだろう、って。腹が立ってしょうがない」って。

前田　立花さんが戦争体験を語り継ぐ、ということですか。

保阪　彼は「自分もやる。ただ保阪さんとか半藤さんがやってるようなものじゃなくて、自分のやりかたでやりたい」と。「どうやるの?」と聞いたら「新しいメディアがいっぱい出てる。フィルムの中に、例えば東京大空襲で荒れたところに、現代の我々が入っていき、同時空間で体験する。そして、え、こんなに人が死んでるんだ、という、そういう形の伝承をやりたいんだよ」、と。CGなどを使ったバーチャル空間で戦争、戦場を体感するということのようでした。あることを論じる時には、普通は主語は「私」なんですね。私はこう思う、俺はこう思うと。でも彼は違うんですよ。立花さんは、ああいう人だから、「人間」は、と言うんです。「ホモ・サピエンス」は、と言う。

こういう天才的な男が、最後は歴史を語りたい、日本人はちょっと錯覚してるよな、と言う。彼は政治的な判断で物事を見ない。彼は自分の感性とか人類の感覚とか思想とか、そういう尺度で見ます。その彼が最後は歴史を、昭和史とか戦争体験を語っておきたいって言った。彼のそういう思いは、我々の世代の中に持っているものを代弁していると感じます。だから私たち生き残った者が戦争を知り、理解し、継承することをやる責任がある、と感じますね。

前田　メディアの責任については。

保阪　戦争の時のメディアの記事を読むと、新聞記者は本気で書いていたのか、と思うような記事がいっぱいありますね。「神風が吹いて日本は負けはしないんだ」、みたいなことを堂々と書いている。自分だって信用してないだろうに。もし本気でこんなことを書いていたのなら敗戦後はショックで精神的な病気になったのではないか、とその新聞社の知人に言ったら、「何言ってるの保阪さん、これはあの人だよ」と、ある人の名前を挙げました。私はびっくりしました。こういう不気味な人間が、戦後民主主義の旗振りをやったのかと思うと悲しくなってしまう。

ある種のしたたかさっていうのがメディアの中にある。敗戦前にも、軍の謀略を知っていたメディア人もいました。戦後にそれを書く記者がいました。それを読むと「あなた達、ここまで知ってたんだ。しかしそれを書けなかったんだ」と思いました。しかし地下出版でもなんでもいいから、なんで出さなかったんだろうと。出したら命が危なかったかもしれませんが、何か、悲しさみたいなのを感じますね。

メディアが本当に現実をきちんと書いてくれているかどうか、そこがしっかりしてなかったら、社会自体の自殺行為になるのかなと。教育とメディアは、権力が必ず押さえようとするから、それに押さえられない形で存続し得るかどうかは基本的な問題です。教育とメディアが、二輪車の両輪のように回転してほしいなと思います。

前田 メディアといえば、我々新聞メディアはやはりあの戦争を煽った、偏狭なナショナリズムを煽ったという責任をずっと十字架のように背負いながらやっています。これはこれからも変えずに続けていかなきゃいけないと思っています。

その一方でデジタル社会になってきて、SNSが非常に大きな影響力を持っています。新しい技術を使って何か伝えることができる、新しい地平も拓けて来ていますが、一方でフェイクニュースが瞬く間に世界中に伝わってしまい、それをたくさんの人たちが信じてしまう。これも偏狭なナショナリズムを助長しがちであるという負の側面もあります。SNSを含んだ今後の報道の在り方について、どうお考えですか。

保阪　私はX（旧ツイッター）ですか、そういうのをやらないから何ともいえないんですが。私らはメディアで言えば新聞で育ち、ラジオを聴き、テレビを観、映画を観、そしてインターネットと触れ合い、成長と共にメディアと歩んで来ました。しかし自分の青春時代、知識を吸収するのは新聞でした。

その紙媒体による知識の吸収は、私達の世代の特徴だと思う。紙媒体の知識の特徴は、咀嚼する力があるということ。それから紙媒体は提供者が良かれ悪しかれ序列をつくってくれる。一面で大きな記事。お尻の方で小さい記事。それをその通り信用はしないけれども、しかし、あ、なるほど、メディアはこういうふうに記事の比重を考えて報道してるんだなあという形でわかる。紙メディアで育った人間にとってみれば、紙メディアの価値観、紙メディアの理解度というのが自分の知識や情報の吸収の原点にあるんですね。

一方、インターネットで見るものは、それぞれの報道の比重が分かりにくい。全部フラットに見てしまう。例えばハマスとイスラエルの戦争と、どこそこの飲食店が評判で行列ができているといった話題を、同じような次元で見てしまう。情報の精度やブレにも問題がありますね。たとえばある時、半藤さんと私がインターネット上では「極左」と書かれていた。その数年前は「極右」と書かれていたんですけれど。人の評価などどうでもいいのですが、そういうように世の中に発信される情報がかなり曲がり、違っている。

もう一つ、新聞で言えば送り手側が教育を受けて、モラルをもって報道する。受け手はそれを了解しながらそれを読むことによってそれへの信頼度を持っていく。私はそう思います。その信頼度というのが金銭投下にもなるわけでしょうけど。また、それが送り手の側を鍛えると思います。

ところが今はインターネットなどで送り手と受け手が交錯している。送り手と受け手が同じ次元で動いてる。こういうメディアは、私は基本的には信用できない。そういう送り手が教育をされていない、一方的に送ってくるようなものをまず信用しない。読んでも見ても、信頼度はずっと下になる、というような判断にしてます。

立花隆さんが若いころから言っていました。情報の時代だといって、情報を全部受け入れるんじゃないんだ。情報をいかに巧みに捨てていくことができるか、それがこれからのテーマなんだ、と。まったくそうだと思います。リテラシーっていうんでしょうけど、それができるかどうかが人生のこれからの決め手にもなると思いますね。

6 平成天皇との対話

民主主義の定着

前田　保阪さんは半藤一利さんとお二人で、平成の天皇・皇后陛下に何度もお話をされていますね。

保阪　人を介して「話をしてほしい」と。ご進講というような形ではなく、雑談をしてほしいと。2013（平成25）年から2016（平成28）年まで、計6回、お目に掛かりました。毎回特にテーマが決まっているわけではなくて。両陛下はものすごく面白がってくださいました。

ある時、天皇陛下が「保阪さん、文春読みましたよ」って。私は2013年に妻を亡くしたのですが、『文藝春秋』にそのことを書いていました。その後に美智子妃殿下が「保阪さん、気を落としちゃだめですよ、奥さまは保阪さんの中に生きてるんですからね」と。私は思わず涙が出たんですよ。美智子妃殿下は何度も、「奥さんは生きてるんですよ」と。

その後お会いした時、美智子妃殿下のお母様の話になった。お母様の話になるとすごい熱が入って。「私の母はほんとうに、自分で言うのも気が引けますが、人格者。私は誰よりも尊敬しています」と。

前田　戦争については何か。

保阪　初めて行く時に、何かお土産が必要と思い、『仮説の昭和史』を持っていきました。「どういうことが書いてあるのですか」と陛下がおっしゃるから、「もし日本がポツダム宣言を受諾しなかったら」などの仮説を立てて、歴史がどう動いただろうか、といった内容です。陛下、お時間のある時にお読み下さい、とお渡ししました。すると陛下の第一声が、「どうして日本には民主主義が定着しなかったのでしょうね」と。私はその時びっくりしました。いきなり、入り口がそのお言葉でしたから。

前田　それは戦争のあの時代に民主主義が定着しなかった、ということですか。それとも現代でも定着していない、ということでしょうか。

保阪　自分の父親の代の昭和20年頃までは定着してない。その後も完全に定着したとは言えなくて、自分の代には定着していると思っているのかな、と思いましたね。いずれにしても、ここまでおっしゃるのか、と思いましたね。

前田 ちょうど行かれている時は安倍晋三政権の時ですね。日本の政治自体がどちらかというと少し右の方に軸が動いた時代だったかと思うんですけど。政治との絡みは何か話されましたか。

保阪 一切しなかったですね。ただね、4人で話ししてる時に、陛下が「若い人の歴史の話も一度聞きたいと思ってるのですよ」とおっしゃった。4人は70〜80歳代ですから、別の年代が歴史や現代の政治をどうみているのかをお知りになりたいのかな、とは感じました。

「満州事変」への強い関心

前田 陛下がお二人をお呼びになって一番聞きたかったのは今振り返ってみると何だったのでしょう。どちらも戦争を中心とした昭和史の大家ですけど。

保阪 ある時、天皇陛下が「先帝はなぜ満州事変を拡大したんでしょうか」と話されました。半藤さんが色々と経緯を説明したのですが、陛下は満州事変にものすごくこだわるんです。満州事変が日本のその後の戦争に大きく影響している、と感じておられるようでした。「満州事変、私もよくわからないのですけど、誰がどういうふうにして始めたのですか」と。それで、我々が「陛下、大変恐縮ですけども、どういう本をお読みですか」とおききしたんです。そうしたら「ちょっと待って下さい、書庫行って持ってきますから」と、持ってこられた。見せてくれたのは、昭和8（1933）年の本なんですよ。

前田　関東軍の謀略であることなどは書かれていませんね。

保阪　全部隠されています。私も半藤さんも「陛下、こういう本は読んではいけません」と思わず申し上げました。

いつごろ読んだかは知りませんが、そんなに古くはない。我々と会う何年か前ぐらいでしょう。不思議だな、おかしいなと思われたんでしょうね。「こんな本、読んじゃいけません」、って私たちが言った時に、「そうでしょうね」とおっしゃっていましたから。

お話ししていて分かったのですが、陛下は歴史的知識が線になっていないように思いました。ぽつんぽつんと。満州事変、日中戦争、太平洋戦争の開戦という経緯を我々が説明すると、大変興味を持って聞いておられました。

前田 戦後70年の2015（平成27）年、新年に当たっての「ご感想」で満州事変に触れられておられますね。「本年は終戦から70年という節目の年に当たります。多くの人々が亡くなった戦争でした。各戦場で亡くなった人々、広島、長崎の原爆、東京を始めとする各都市の爆撃などにより亡くなった人々の数は誠に多いものでした。この機会に、満州事変に始まるこの戦争の歴史を十分に学び、今後の日本のあり方を考えていくことが、今、極めて大切なことだと思っています」と。

保阪 ええ、それを聞いて、「ああ、あの時の我々との会話が関係したのかな」と思いました。満州事変だけでなく、陛下は父親である昭和天皇が、どうして開戦に同意したんだろうと常に疑問を持っておられたように思います。

それから、喉まで出かかっている言葉があるように思いましたが、言わないな、と思ったことがあります。それは「天皇のために死んだ人が何百万もいます。天皇のために。私はどうすればいいと思いますか」、ということを聞きたいんだ、と思うことがありました。

前田　おっしゃりはしなかったのですね。

保阪　いずれ聞かれることがあるかとも思い、半藤さんと事前に、半藤さんはこう答える、私がこう答えると相談しました。「それは陛下のせいではありません。先帝の時の話です。天皇というのは、連続性は確かにありますけれど、多くの人が亡くなったのは陛下のお父様の時であり、陛下には関係がないと思います」、と。でも、実際に我々が考えている以上に陛下は戦争責任を考えており、心中お悩みなんだと思いますね。戦没者への追悼、慰霊の旅は海外の戦地にまで及びました。

前田　振り返って見れば陛下は、ずっと戦争の責任と向き合ったと思います。戦地に行かれて、戦没者の慰霊のために頭を下げられて。そういう姿が一つひとつ国民への強いメッセージになったんじゃないかと。

「生前退位」のシグナル

前田　話は変わりますが、生前退位についても話題になっていたそうですね。

保阪　ええ。だいぶ親しくなりまして、ざっくばらんな話もするようになりました。ある時、陛下が匂わせるようなことをおっしゃっていたんですよ。歴代の天皇って字があまり上手じゃないですね。昭和天皇もお上手とは言えないように思いますけれど。陛下にそういう話をしたら「でも光格天皇は上手ですよ」。光格天皇の在位は1780（安永8）年から1817（文化14）です。200年以上前の、光格天皇の書を読んでいるとおっしゃられた。私も半藤さんも勘が良ければ、光格天皇を読んでいるということは生前退位に関心を持ってると思わなければいけない。だけど私らは気づかなかった。残念がったんですけど。「では、光格天皇の文章をお読みになってるんですか」とお伺いすれば、「そうなんですよ。あの天皇は生前退位でしたからねえ」となるはずでした。

前田　おっしゃったんですか。

保阪　そうはなりませんでした。後で考えてみると、結局退位されることを発表した時に、「私の味方をして下さいね」という意味だったのかなあ、と思いましたね。退位が明らかになったのが2016（平成28）年7月13日の午後6時59分。NHKが「天皇陛下『生前退位』の意向示される　内外にお気持ち表明検討」というテロップを流しました。すぐに午後7時のニュースでより詳しい情報が報道されました。

さらに8月8日、明仁天皇のビデオメッセージ「象徴としてのお務めについての天皇陛下のおことば」がテレビなどで報道されました。実は、半藤さんと私はその2日前におことばのことを知っていたんですよ。その日の夕方に、私の家に郵便配達で資料が届いたんです。宮内庁から。「あなたたちには事前に渡しておく」ということでした。「いろんなメディアが来るだろうから、その時に味方をしてほしい」、という意味だったと私たちは解釈しました。

ロングインタビュー

保阪正康×前田浩智

ノンフィクション作家 保阪正康

毎日新聞社主筆 前田浩智

写真：ハッピージャパン／対談写真、帯、袖

第3章

復刻　57人の戦争証言

2016年2月から9月に毎日新聞で連載した
「証言でつづる戦争」を復刻したもの。
本文、見出しの人名は敬称略。
年齢、肩書、社名等は、掲載時のまま。

文＝砂間裕之

2・26事件

人生を狂わせたエリート軍人の悲劇

宮崎県 佐藤挙男さん（87）

包み紙を開いていくと、朽ち果てそうなひも状の燃えかすが出てきた。終戦直後、落日の満州で燃やした大学の校旗のふさだという。1年だった佐藤挙男《たかお》は、燃えかすに秘められた話を語り始めた。近代史上最大のクーデター未遂事件、2・26事件に関わった元エリート軍人の物語である。

終戦翌日の1945（昭和20）年8月16日昼、満州国立大学哈爾浜《ハルビン》学院で、校旗を燃やす閉校式がひっそり行われた。集まったのは学生十数人。いげたに組んだ丸太の上に校旗を置き点火する。旗は音を立てて燃え上がり、紅蓮《ぐれん》の炎は満州の空にかけ上った。炎のそばで微動だにせず、敬礼し続ける院長の姿を、佐藤はいまも忘れない。

渋谷三郎。首都を警備する陸軍歩兵第3連隊の連隊長だったが、36年2月26日の2・26事件で人生が狂う。

渋谷の連隊は、反乱軍の中心となった将校が10人近くいたほか、動員された下士官や兵士約1400人のうち900人以上が所属する主力部隊だった。

渋谷は計画を知らず、事件後更迭され、失意のまま満州に渡る。43年4月、満州国治安部次長の退官を機に、哈爾浜学院へ移る。事件のことは、同じ宮崎出身の佐藤にも「私が留守の時に起きた」と口にしただけで、多くを語らなかった。

温厚で学生思い。卒業生たちの渋谷評であるが、事件の時も、反乱軍に加わる部下への思いを貫いた。『哈爾浜学院史』によると、反乱軍への討伐命令が下った最終局面で、渋谷が九段下の戒厳司令部に怒鳴り込む姿を東京日日新聞（現毎日新聞）の記者が目撃している。「罪のない俺の部下を殺すのか。もしそうしたら親が怒り、地方で暴動が起きるぞ。説得するまで待て」。この脅しがきっかけの一つになり、「兵に告ぐ　今からでも遅くない」という有名なラジオ放送につながる。兵たちは、鎮圧軍と交戦することなく帰順した。

渋谷三郎院長
（哈爾浜学院同窓会提供）

炎を見つめ、灰になった校旗を前に渋谷は何を思ったのか。5日後、妻や次男とともに命を絶つ。佐藤は同級生らと食堂のテーブルでひつぎを作り、トラックで遺体を運び、泣きながら学院の隅に葬ったという。

学生たちにあてた遺書には「一人一人が新日本建設の礎となられることを期待し、草葉の陰より諸君の前途を見守っております」とつづってあった。

エリート軍人の渋谷にとって、36年3月28日は忘れられない屈辱の日だったに違いない。「2・26事件で大変な不祥事を起こした」として、待命が下ったのである。陸軍歩兵第3連隊長という重要ポストであったが、半年も務めることなく解任された。

実は、この時も自決を考え、哈爾浜学院の学生に告白している。後に北海道大や上智大の教授になるロシア文学者、内村剛介（故人）である。内村は『独白の交錯　対話集』（冬樹社）の中でその内容を明かす。「2・26事件で死のうと決めたが、親友たちが殺しちゃいかんといって、私の家に2人が押しかけて来て両側に寝て見張っていた。その時死にそこなった。ところが死のうというのはやせがまんで、本当は死にたくないんだ。彼らがおってくれたから助かったのでありがたいと思っている」

そんな渋谷がなぜ、終戦後に自決を選んだのか。遺書には、2・26事件への言及はないものの、「死は易《やす》く、生は難し」と記し、事件への複雑な思いを抱えながら生きてきたことをうかがわせる。事件後、政治家はテロを恐れて口をつぐみ、陸軍は政治介入を強める。戦争へとかじを切り、翌37年には日中戦争が始まる。そのため、2・26事件さえなければ、日中戦争や太平洋戦争は起きなかったという考え方もある。
太平洋戦争が敗色濃厚になるにつれ、きっかけの一つになった2・26事件への悔恨が渋谷の心の奥でうずまく。内村にこんな話もしている。「一葉落ちて天下の秋を知るということがある。ぼくは陸軍の幼年学校からいびつな教育を受けた人間だ。今は教育者なのではっきり言っておくが、日ならずして日本は負けるだろう」。第二次大戦で枢軸国のイタリアが降伏した43年9月のことである。そして校旗を燃やした3日後に渋谷は約20人の知人を訪ね、「自決する決心をしました」と今生の別れを告げる。

校旗の灰塵
（哈爾浜学院同窓会提供）

校旗の燃えかすを持ち帰った佐藤は、校旗から勢いよく舞い上がる炎と、その後に残ったぼろぼろの灰を見て、戦争に燃え上がり、最後はズタズタにされた祖国の消長とどこか似ていると感じた。人を寄せ付けない院長の渋谷の鬼気迫る表情に、覚悟を見た気がする。
「閉校式の院長は、まさに武人。軍人として2・26事件や戦争の責任を取ったんだと思う」。燃えかすには、2・26事件への渋谷の苦悩と悔恨が込められている。

（佐藤挙男さんは2017年3月に永眠されました）

2・26事件

初年兵が語ったクーデターの裏側

東京都 志水慶朗さん（99）

2・26事件の取材を進めると、事件で更迭された渋谷三郎の肖像写真をアルバムに貼る元部下に出会った。反乱軍に組み込まれた志水慶朗である。正直、渋谷の記憶はないし、他の幹部の肖像写真とともに売店で購入したものだという。だが渋谷の自決を伝えると絶句し「言葉が浮かばない」。そして「けじめじゃないですか、不運だ」と声をひそめた。

渋谷と志水、この2人が所属したのは、首都防衛を担う陸軍歩兵第3連隊だった。渋谷は連隊のトップ。志水は入営したばかりの初年兵。事件を境に、鎮圧する側とされる側になる。渋谷が知らないうちに、事件はどのように決行されたのか、志水の証言から再現したい。時は、1936（昭和11）年2月26日である。

「カチッカチッ」。冷たい金属音が聞こえ、志水は夜中に目がさめた。起き上がると2年兵が軽機関銃の銃身を実包用に取り換えている。「まだ寝てろ」。そう命じられ素直に床に就くが、しばらくして非常召集がかかる。

「2、3日、外に出て行動する。襟章のある外出用の服を着よ」。それ以外の説明はなかった。何の疑問も持たず外出用の服を着用し、言われるまま実弾を受け取る。乾パンも1日分携行した。そして合言葉を言い渡される。「尊皇」「討奸《とうかん》」の2種類だった。

雪の中、午前5時ごろ警視庁を取り囲む。志水は腹ばいになり、通用門に向けて軽機関銃を構えた。目的は知らされず、結果的に反乱軍の一員にされてしまう。

「実弾を30発装着し、腰には60発。『向こうが撃ったら撃ち返せ』という命令ですが、何でそうするのか分かりませんでした。だけど、万が一暴発してもいいように、実は門柱に照準を合わせていましたよ」。クーデターには約1400人の兵が動員された。志水のような入営間もない初年兵が相当数含まれていたといい、みな上官命令に従うしかなかった。

警視庁を包囲した約400人の兵士
（毎日新聞社提供）

夜明けとともに雪はやむ。静かな朝を迎えたが、物騒な情報が次々耳に入る。「高橋是清蔵相殺害」「岡田啓介首相銃撃」（首相は後に誤認と判明）――。警視庁の屋上を見あげると「占拠」を伝える旗が振られていた。

「えっ本当？　たいしたことになっちゃった

な」。何も知らない志水はその時、10日前の不可解な演習が「予行」であったことに初めて気付く。

あの時上官は「内閣打倒」を確かに言った。それだけではない。訓話でも、クーデターを正当化するようなすり込みをしていた。

10日前の予行演習

演習は2月16日にあった。何の前ぶれもなく午前1時ごろに起こされた。小隊長の常盤稔が「青年将校は決起して現内閣を打倒する。第7中隊はただいまより警視庁を襲撃する。小銃を持て」と命じ、志水ら第7中隊の兵士たちは警視庁まで隊列を組んで走った。建物に銃剣を向け「やあ、やあ、やあ」と3回突き、速足で引き揚げた。志水は「なんでこんなことするのかな。変だな」と思った。

軍のおかしさは、訓話でも感じた。最も驚いたのは、高橋是清蔵相に対する評価である。「私は総理を務めた立派な政治家だと思っていたけど、上官は満州の権益で得た利益を政治に使うけしからんやつと怒ってましたね」。その言葉通り、2・26事件で殺害されることになる。

また、警視庁の占拠を想起させる話もあった。大阪の天神橋筋6丁目交差点で33年に起きた兵士の信号無視を巡る警察官とのトラブル「ゴーストップ事件」の訓話である。この事件は陸軍と、警察を管轄する内務省のトップ同士の対立まで発展するが、最終的に昭和天皇の特命により和解。軍に対する最後の抵抗とも言われる。

上官は「陸軍は陛下の軍隊なので、そのけんかは軍が勝った。警察とトラブルになったらけんかしろ。助けに行く」と説明された。悪いのはどうみても信号を無視した兵士である。志水は「軍は変わってるなあ」と思った。

当時、陸軍の最大の目標は、第一次大戦の教訓でもある「国家総力戦体制」の構築で、資源のある満州領有などが議論された。国際協調路線に協力的な主流派が、満州事変（31年）をきっかけに失脚し暴走が始まる。国際連盟脱退（33年）で孤立化は決定的となり、2・26事件で陸軍は政治家以上の影響力を持つ。

空腹を感じた志水のもとに握り飯が届いた。連隊長の渋谷三郎が兵士たちに届けるよう命じたものである。「リンゴぐらいの大きなもので、両手に1個ずつ持ち、警視庁の2階に陣取る中隊長らに持って行きました」。現場では撃ち合いもなく、のんびりした印象も受けるが、近隣住民たちは武装兵士のにらみ合いに青ざめ、「市街戦が始まる」とうわさした。

（志水慶朗さんは2022年8月に永眠されました）

2・26事件

事件に遭遇した少年たちの回想

神奈川県 伊藤栄助さん、一太さん(63)
東京都 杉山和男さん(88)

陸軍歩兵第3連隊の初年兵、志水慶朗の部隊が警視庁に到着したころ、わずか数百メートルしか離れていない東京・虎ノ門の精肉店から一人の丁稚《でっち》が自転車で得意先に向かおうとしていた。あたりは真っ暗。雪が積もる道にはわだちもない。小柄な13歳の伊藤栄助(故人)は、白い息をはきながら自転車を押していた。

新潟の農村から11歳で奉公に出た。荷台に20キロ近い肉を積んで、日比谷の松本楼から赤坂を経て、渋谷、五反田などの料亭を回るのが日課だった。握り飯二つと二切れの大根のみそ漬けを持ち、店に帰るのは日の落ちるころだった。

渋谷に向かう大通りで異変に気付く。土のうを積んだバリケードで道路が封鎖されている。重機関銃も見えた。武装兵士がこちらをにらみつけ、撃ってきそうな気配だ。後に栄助は、その恐怖を長男一太に語る。

「軍隊は何をするかわからない。満州で人を殺し回ったうわさを聞いたし、2・26事件の鎮圧軍兵士の形相はすごかった。近づけなかったんだよ」。小さな路地を抜けようとするが、広い道に出るとバリケードに出くわし引き返す。店に戻りたいが叱られるかもしれない。寒い。おなかもすいた。雪を踏みしめ歩いては座り、抜け道を探してはうずくまる。自分がどこにいるのかさえ分からなかった。

政治家を狙ったテロは当時たびたび起きた。1932（昭和7）年には、海軍青年将校らによる5・15事件で犬養毅首相が暗殺され政党政治は終わる。軍の力が増し、陸軍の派閥抗争も激化。2・26事件では、海軍も巻き込んだ内乱の可能性を帯びていた。赤坂の氷川尋常小学校2年で、後に通産事務次官になる杉山和男は「市街戦が始まるかもしれない」という親戚の知らせで事件を知る。学校をのぞくと青ざめた避難民があふれていた。

翌日、大胆にも鎮圧軍の兵士に声をかける。「その剣は磨かないと切れないんだって?」「ばか者!」。兵士は銃口を向け「この剣で大臣も殺されたんだぞ」と怒鳴り、杉山らは一目散に逃げた。28日には戦車をこっそり見に行き「本当に撃ち合いが始まるかも」と、自身のエッセー「少年が見た2・26事件」で回想する。

道に迷い一夜を明かした丁稚の栄助は、27日朝、なんとか店にたどり着く。主人らから「よく帰れたな。よかった、よかった」と何度も言われ、一気に涙があふれた。

（杉山和男さんは2018年11月に永眠されました）

2・26事件

昭和天皇の怒りとある牧師の日記

群馬県 岸本貞治さん

国民が2・26事件を知るのは、半日以上たった夜のラジオニュースだった。昼の演芸番組を聞こうとした群馬の牧師、岸本貞治（故人）は、音の出ないラジオを触りながら故障だと思った。ところが突然、東京と大阪の株式取引所の立ち会い停止を伝え出す。放送はそのニュースだけで終わり、それ以降の番組は中止となる。夜8時半過ぎに初めて「蔵相ら殺害」の一報が報じられた。岸本は「嗚呼《ああ》日本よ、何処《どこ》へゆくか」と、乱れた文字で、日記に書き留めた。

事件が知れ渡ったころ、陸軍歩兵第3連隊の志水慶朗はまだ警視庁にいた。既に15時間が過ぎたが動きはない。27日未明には戒厳令《かいげんれい》が敷かれ、28日夜には鉄道大臣官邸に宿営した。「電気ストーブがあったかいんですよ。でも差し入れはなくなり何も食べずでしたね」。志水は後に知るが、同じ初年兵の落語家、柳家小さんが官邸の別室にいて、上官命令で落語「子ほめ」を演じる。だが重苦しい空気で、兵士たちは「クスッともしなかった」という。

『昭和天皇実録』は、鎮圧の裏側を伝えている。天皇はいらだち、26〜28日に侍従武官長を41回も呼び出し詰問。2日目には「御自ら暴徒鎮定に当たる御意志をしばしば示される」と、みずから事態収拾に乗り出そうとした。事件前、首謀した皇道派青年将校らは天皇が味方になるとみていたが、逆に怒りを買ってしまった。

そして29日。戒厳司令部が攻撃命令を発表する。そのころ志水の所属する第3連隊の連隊長、渋谷三郎が司令部に攻撃をとどまるよう怒鳴り込む。早朝、建設中の国会議事堂に移動した志水らは戦車隊に囲まれる。志水は「なんで日本人同士で撃ち合わなければならないのか。こんな所で死ぬのかな」と覚悟する。

だがぎりぎりで事態は動く。昼前、中隊を率いる野中四郎が「目的は達しなかったが、これ以上は難しい。お前たちはお国のために働け」と帰順を命じる。武装解除した時、志水が海軍省に目をやると銃口がこちらを向いている。改めて「すごい事件だった」と思い、足がすくんだ。軍法会議で19人が死刑判決を受けたが、残ったのは政治家がものを言えない空気だった。

岸本は29日の日記をこう結んだ。「昭和時代の恐ろしき内乱！　それは内部に化膿《かのう》したものが外に出たまで。膿《うみ》を責めるよりも、膿をためない内部清掃を心がけねばならない」

2・26事件

資金を届けた17歳の密使

東京都　鈴木忍さん（97）

一通の手紙がある。97歳になった鈴木忍は、2・26事件から四半世紀後に届いた手紙を、今も大切に保管する。差出人は、事件の首謀者の一人、村中孝次の妻である。

忍一家は満州に住んでいたが、父は陸軍皇道派の青年将校らによる「昭和維新」に共感。資金集めに奔走する。軍法会議の判決によると、父はクーデター資金の一部として500円を村中に届けるため、長女の忍を密使として上京させた。忍は不起訴、父も無罪となった。

当時17歳の忍。東京・鷺宮の村中宅を訪ねると、憲兵らしき人がいたが「私、お使いに来たんです」と言って、玄関で村中の妻に封筒を手渡した。奥に薄暗い部屋が見える。皇道派と対立する統制派の支柱、永田鉄山を殺害した相沢三郎の妻で、そばに2人の子供が息を潜めていたことを記憶する。会話する時間はなかったが、「学費がない」という言葉は聞こえた。

宿泊していた横浜の知人宅の手前で拘束される。取り調べに対し黙秘を通したが、父から「すべて話しなさい」という電報が届き、「ただお使いに来ただけ」と話した。資金のことも事件のことも知らず、後でクーデターと知って「大変なことが起きたんだ」と驚いたという。

事件後ずっと、あの部屋にいた子供が気になっていた。村中も相沢も死刑になり、女手一つで育てているに違いない。村中の妻の居所が分かり手紙を出すと、しばらくして返事が届いた。1961（昭和36）年9月のことである。「そう申せば、あの日家においでになられましたお若い方がいらっしゃいました。お名前すっかり忘れて誠に失礼ですが、あの時の方でいらっしゃいましたか。ご無事で本当になによりでございます」。子供と公団住宅で暮らす近況をつづり、最後に忍の幸せを祈ると結んであった。

2・26事件の首謀者、村中孝次の妻から届いた手紙と鈴木忍さんの結婚式の写真。前列には東條英機の姿も見える

忍は事件の5年後（1941年）、東京で結婚する。式は2・26事件の時、

戒厳司令部が置かれた九段下の軍人会館。媒酌人は嫁ぎ先の医院と懇意にしていた陸相の東條英機だった。歴史のいたずらなのか。東條は統制派の中心人物で、半年後に首相になる。まさか新婦が対立する皇道派の密使だったとは思いもしなかっただろう。

クーデター首謀者の妻と、密使にされた少女。2人の女性はその後の人生こそ違うが、時代に翻弄《ほんろう》され、事件を引きずり戦中戦後を生きた。一通の手紙は、みずからの人生を確かめるあかしだったに違いない。

（鈴木忍さんは2017年3月に永眠されました）

日中戦争

戦争の残酷さをつづった自分史

栃木県 巷野秀蔵さん
内田房芳さん

2・26事件の後、陸軍の求めで、軍部大臣現役武官制が約20年ぶりに復活する。一線を退いた軍人から陸相らを選ぶ制度を、現役軍人から登用するシステムに戻したのである。これにはからくりがあった。軍が望まない人物が首相の大命（天皇の命令）を受けた場合、陸相を出さなければ組閣できない。実際、1937（昭和12）年に宇垣一成《かずしげ》が首相の大命を受けた際、陸軍が大臣を出さなかったため組閣できず、宇垣首相は幻となる。

この変更で、陸軍はより政治介入しやすくなった。同年7月7日に、北京郊外で発生した盧溝橋事件では、「中国一撃」を主張する陸軍の思惑通りに、首相の近衛文麿が陸軍派遣をすぐに決める。日中戦争はこうして始まり、戦火は一気に拡大する。

戦争勃発から1年半。栃木県足利市の医師、巷野《こうの》秀蔵（故人）は、39年1月2日の日記で、こう書き留めた。「長期戦を覚悟し、昨年来、年賀状の差し出しを廃止したるためか平素の5分の1くらいしか来たらず淋《さび》し」。同19日には、地元の兵士2人の遺骨を迎えた直後、親戚が中国の戦地から突然帰還したことを喜んだ。

戦争は巷野が覚悟したように長期戦となり、日本人の意識の中には、「生」や「死」が知らぬ間に日常になっていた。

そして戦地では、兵士たちが殺し合いの現実と向き合う。41年5月、関東地方の初年兵、内田房芳（故人）は、山西省での中原会戦に臨む。峡谷の川を渡った直後、小高い山から機関銃の乱射に見舞われる。「ヒューン、ヒューン」。銃弾は岩などにあたり跳弾となって耳をかすめる。日本の戦車が来て砲撃を加えると、敵陣地には初めて見る遺体が7、8体横たわっていた。

同年10月の河南作戦では、同年兵2人を相次いで亡くす。1人は行軍から遅れて敵に襲われ、服をはぎ取られ痛ましい姿で土中から見つかった。翌日起きた戦闘では、近くにいた同年兵が敵弾で胸や腹をえぐられ戦死する。「水をくれ」「もう少しそばにいてくれ」。介抱したが、突撃命令で前進せざるを得なかった。

内田は「我人生史」という自分史の中で「思い出すと胸が重苦しいし、辛《つら》く悲しい。切ない思いで、胸がいっぱいになる」とつづった。同年兵を荼毘《だび》に付した夜。交代で武装着剣して、火が消える朝方まで遺体に寄り添った。内田の記憶に殺し合いの光景が刻まれた。

日中戦争

中国での加害を告白した被爆者

島根県出身　原田登さん

日本軍が警備する「官荘」という駅の周辺をうろつく男がいた。「八路軍」（中国共産党軍）のスパイではないか。男を捕らえ、拷問《ごうもん》する。先端にひし形などの金属を付けた棒で殴り、ろうそくの火で鼻柱も焼く。農民のようにも見えるが白状しないため、処刑することになった。日中戦争が始まって2年目、1938（昭和13）年の徐州作戦でのことである。

銃剣で突くことを命じられた島根出身の原田登（故人）は「できません」と断るが、上官に「度胸をつけにゃ」とどやされ、銃剣を手にする。壕《ごう》の前に座らされた男は、故郷に向かい手を合わせて何か唱えている。「突っ込めえ」の号令で、原田は思いっきり走って刺した。銃剣は背中まで達し、壕に落ちた男の腹から内臓が出ている。銃で頭を撃ち、とどめをさした。

後に広島で被爆する原田は、「語り　山口のヒロシマⅥ」という、山口県原爆被爆者福祉会館「ゆだ苑」が自費出版した本のインタビューで、中国での加害に言及した。本では、毒ガス実験を見せられたことも明かした。10畳ほどの一室に毒ガスを充満させ、そこに5、6人の捕虜を押し込む。涙や鼻水が流れ、瀕死《ひんし》の状態で外に出し、再び部屋に入れる。全員絶命した。

民間人かスパイか見分けは付かない。原田は「いくら戦争じゃからといって、ここまでやってええもんじゃろうか」と語った。でも「しまいにゃ、そんな気持ちも薄らいでくるね」と付け加えた。理由がある。のどを弾が貫通し息をするたびに血が噴き出す瀕死の中国人を前に、昼食をとらされたこともあった。「人間の自然な気持ちを抑えこんでしまうんじゃね」

捕えられた中国軍の密偵＝1937年８月
（毎日新聞社提供）

45年8月6日。広島での任務中、B29からドラム缶のような原爆が投下される瞬間を目撃する。兵舎の下敷きになるが、顔などにやけどを負っただけで助け出される。多くの人々に助けを求められたが何もできず、そばで次々命が失われた。原田は証言をこう締めくくった。

「日中戦争でも被爆でも皆殺しの地獄をいやというほど経験した。絶対に戦争を繰り返さんでくれというのがわしの心からの願いじゃ」

加害は、戦争の狂気の一断面である。だが語るには大きな勇気と覚悟がいる。次女の岡千津子（66）＝山口県＝は言う。「父の贖罪《しょくざい》の気持ちはいくら語っても死の瞬間まで消えなかったと思う。私たちが、その思いを伝えていかなくてはいけないと思います」

日中戦争

混乱する戦地　兵士たちの怒りと不覚

東京都　竹山健さん
福岡県　合原締吉さん（97）

蔣介石の国民政府と毛沢東の共産軍が協力して日本と対峙《たいじ》し、米英の支援も受け日中戦争は膠着《こうちゃく》状態を迎えていた。長引く戦争のため現場では、さまざまなひずみが出ていた。

東京出身の竹山健（故人）は1939（昭和14）年に34歳で出征する。広東周辺で主計将校として、主に食糧調達などを担当した。日記を残しており、中国料理やすき焼き、ビフテキを堪能するなど、戦地とは思えない生活ぶりをつづる。だが40年5月、自身が参加した良口作戦の記述は怒りに満ちている。

山を巡る攻防で、日本のある部隊が攻め上る。ところが味方の砲撃に邪魔をされ、別の部隊の隊長とは連携しない。「山頂占領時には死傷者44人を出した。数日前に占領した時には無血だったのに惜しげもなく手放し、再攻撃でこの死傷者。義憤を感じる」と批判した。

後退転進命令が出た日には「今回の作戦の目的は最初は治安工作、途中からけん制。とにかく目的がさっぱり分からない。作戦にけじめとか締まりがない。軍の行動は不可解の連続だ」などと指摘。戦略が見えず、場当たり的な軍の戦い方に怒りの矛先を向ける。

約1年後、同じ中国南部の福州での作戦に分隊長として従軍した福岡出身の合原締吉《ごうはらしめきち》は、失態を演じてしまう。合原の著書『南シナからビルマまで』（葦書房）によると、午前4時ごろ上陸してから前進を続け、夜に初めて休憩をとる。食事後、兵士たちは道端で仮眠を取った。合原は部下に「前の兵が立ったら分かるように体をひもでしばっておけ」と注意し、落後者が出ないよう、みずから最後尾で待機した。

うとうとしたのがまずかった。「不覚にも目が覚めると部隊は既に出発していた。暗闇に一人ぽっち」。後を追いかけ、2日目の夜に明かりが見えた。日本兵のランプだった。自分の部隊と連絡が取れ、翌日合流する。合原は後に知るが、故郷でその夜、父が亡くなった。「明かりに導いてくれたのは父」。今もそう信じている。

栃木県足利市の医師、巷野《こうの》秀蔵（故人）の39年5月25日の日記には、69連勝を再び狙う大相撲の双葉山の全勝優勝が記録されている。その4日後、「満蒙《まんもう》国境に外蒙古飛行機約百台飛来」と、ノモンハン事件に初めて言及した。ソ連との国境を巡る紛争は、日中戦争と重なるように4年間で600回を超える。日本軍は北の脅威にもさらされていた。

（合原締吉さんは2021年7月に永眠されました）

日中戦争

傷痍軍人の叔父に捧げた歌

茨城県　吉川久美子さん（71）

満州（現中国東北部）国境付近での紛争は太平洋戦争が始まるまで続いていた。ソ連と交戦したノモンハン事件から1年後の1940（昭和15）年10月10日、茨城出身の吉川隆（故人）は、外蒙古《もうこ》（現モンゴル）に近い満州ハンダガヤで火炎放射を顔や手に浴び、意識を失う。数日後、発見され野戦病院に運ばれた。

その時、22歳。一命は取り留めたが、耳と鼻は焼け落ち、まぶたも口も閉じない。両手の指は第2関節まで落ち、こぶしを握った状態。かろうじて右手の親指が動く程度だった。日本に帰還して陸軍病院などで治療を受け、戦後も含めると、皮膚移植を40回以上、耳の形成手術を2回、指の手術を3回受けた。

めいの吉川久美子は後に、隆から入院中のある出来事を聞かされた。同じように大やけどを負った戦友に、鏡を見て「一緒に泣こうよ」と言われたのである。それまでは鏡を遠ざけられ、自分の顔がどのように変形したのかさえ分からない。お互い泣くこともできないほど、ショックが大きかったのだという。

戦地から戻った隆を縁側で出迎えた父は泣き崩れ、母はじっと涙をこらえていたという。隆は戦後も周囲の目をしのぶように生きた。「生きて地獄の苦しみを味わうぐらいなら、死んだ方が良かったかもしれない」。口にこそしなかったが、家族の誰もが心の中でそう思っていたようだと久美子は明かす。

元防衛大教授の中山隆志の分析によると、国境紛争は、満州国建国の32年から顕在化し、38年には張鼓峰事件など166回、39年にはノモンハン事件を含め最多の195回発生するなど、日中戦争と重なる。中国との消耗戦に加え、北の脅威に対処した日本軍の窮状が浮かぶ。

傷痍《しょうい》軍人となった隆の心の傷はおし量れない。だが晩年、長男の妻に「お国のために戦ったんでしょう。上を向いて暮らそうよ」と励まされ、81歳の天寿を全うする。隆の葬儀の日、久美子は戦争を呪う歌を詠んだ。

心より笑いし日々の有りしかな傷痍軍人の叔父は逝きたり

戦時下の教育

国策すりこむ学校

相模原市 佐藤清一さん(81)
東京都 岡田善次郎さん(85)
北海道 岸本和世さん(82)
山梨県 楠祐子さん(86)

日中戦争は先が見えず、欧州では1939(昭和14)年にドイツがポーランドに侵攻し第二次大戦が勃発した。日本への米英の圧力は強まり、陸軍が想定する総力戦は現実味を帯びる。そして学校は国策をすりこむ場に変わった。

「貴様は陛下を侮辱するのかあっ!」。怒号が聞こえた瞬間、往復ビンタが飛んできた。後ろの壁に頭を打ちつけ、しばらく気を失った。殴られたのは、東京下町にある国民学校の2年生、佐藤清一である。廊下で、将校とすれ違う際、右手ではなく左手で敬礼してしまった。気がつくと大きなこぶができている。放課後、友だち3人と上野の山に行き、母に見つからないよう水で冷やしてから帰った。42年のことだと記憶する。

校庭には、天皇、皇后両陛下の御真影《ごしんえい》を飾る奉安殿《ほうあんでん》と呼ばれるほこらがあり、前を通る時には最敬礼するよう教えこまれた。何もせず通り過ぎると、すぐに将校が飛んできて佐藤のように往復ビンタが浴びせられたという。

国民学校は、太平洋戦争前夜の41年4月、小学校令を改正して国民学校令を施行し、尋常小学校から改称した。義務教育を8年に延長することや貧困免除を廃止し就学義務を徹底するなどの改正点もあったが、主な目的は「皇国の道」の修練である。

国民学校令施行規則第3条では「国民科修身は皇国の道義的使命を自覚せしむる」とし、第10条では「強靱《きょうじん》なる体力と旺盛なる精神力とが、国力発展の根基にして特に国防に必要なるゆえんを自覚せしむべし」などと規定した。また、紀元節、天長節など四大節の日は、君が代斉唱や御真影に対し最敬礼することを求めた。

奉安殿に捧げ銃をする児童＝1941年ころ
（毎日新聞社提供）

「東南はるか皇居に対して最敬礼」。新潟の岡田善次郎は、国民学校で皇居に向け遥拝《ようはい》したことを記憶する。もちろん四大節には、施行規則にのっとり奉安殿の前で式を行い、教育勅語を唱えた。

北海道の国民学校に通った岸本和世も、毎週月曜に宮城《きゅうじょう》（皇居）の写真に最敬礼したという。「りっぱな日本のこどもになろうと思っています」と書いた岸本の作文は、43年の児童雑誌に掲載された。

校長しのぐ配属将校の力

幼い時期から皇国の道を教え込む国民学校。だがより切実なのは、旧制中学など上級の教育機関である。配属将校が力を持ち、軍の出先になったと嘆いたのは、山梨の旧制甲府中（現甲府第一高）で数学教員を務めた伊藤忠一（故人）だ。80年に発刊された伊藤の遺稿集「教え育てて六十余年」の中で「軍事教練が取り入れられ、（教育は）軍隊教育の出先となった。世界の一等国と思い込ませ、世界に君臨するが如《ごと》く説き、心にない事を言わなければならなかった」と後悔をにじませた。

伊藤の次女楠祐子のもとには多数の写真が残り、生徒たちと写る部活動の集合写真では配属将校が真ん中に座る。「校長よりも強い権限を持ち学校を支配していた」。そんな証言は数多くある。

配属将校は、25（大正14）年に陸軍現役将校学校配属令が公布され、中学校以上の学校に配置された。軍事知識の習得や教練実施が目的とされたが、実はリストラ策の側面もある。当時、第一次大戦の反省などから世界的に軍縮が加速し、日本も師団の削減を実施する。あふれた将校たちの受け皿になったのが学校だった。

配属将校は、軍事訓練など教練を受け持つ。それに合格しなければ進学も難しく、軍に入っても不利とされた。教員は配属将校の顔色をうかがうようになり、口出しできない存在になる。日中戦争勃発直後には増員が発表される。37年9月10日夕刊の東京日日新聞（現毎日新聞）は「配属将校召募　約百人」と報じ、現役ではない予備役将校らも受け入れる制度に変更された。

これには、戦力となる若者をよりきめ細かく軍に送る狙いもあったのだろう。伊藤は「中学生の少年たちに、予科練や少年航空兵に出るよう勧める役までしなくてはならない。中学教育は軍人の支配を受け変態（異常な状態）になってしまい、亡国の兆しが見えた」と言及。教師に圧力をかける配属将校の姿が浮かぶ。

陸軍が想定する国家総動員体制は、国民学校での皇国教育や配属将校による軍事教練など、学校現場を組み込むことでより安定する。

だが国際情勢は厳しい方向に進む。40年の日独伊三国同盟に加え、41年4月には日ソ中立条約を締結するが、米国は、在米日本資産凍結に続き、石油の対日全面禁輸に踏み切る。和平を模索するものの時間切れとなり、ついにあの日を迎える。

（岡田善次郎さんは２０２１年２月に永眠されました。岸本和世さんは２０２２年10月に永眠されました）

真珠湾攻撃

空母「飛龍」整備兵の不安と疑問

大阪市　瀧本邦慶さん（94）

30隻の機動部隊が、択捉島単冠湾《ひとかっぷわん》から荒れる北太平洋に出港した。1941（昭和16）年11月26日のことである。空母「飛龍《ひりゅう》」には、香川出身の1等整備兵で20歳になったばかりの瀧本邦慶が乗務する。いつもの訓練とは違う。大分・別府湾を出る時、重油を満タンにし、通路をふさぐほどの重油入りドラム缶と一斗（18リットル）缶を積み込んだ。

翌日昼ごろ、総員集合がかかり、甲板下の格納庫で艦長の加来止男《とめお》が乗組員に短く告げた。

「アメリカと戦争をすることになった。12月8日に真珠湾の艦隊を攻撃する」

米軍に察知されないよう、約10年間の天気を調べ、最も荒れる時期と航路を選んだ。商船も通らない厳しさだが、無線やごみ投棄も厳禁とされた。「戦争と聞いてもあまり驚かなかったし、興奮することもなかった。実際の戦争を知らないし実感がなかったんやな」。

瀧本は艦長の言葉を淡々と受け止めた。

200メートルを超える船体が、うねりで10メートル近く上下する。そんな状態で重油の補充命令が下る。「油でベタベタになるし床は滑る。船は大揺れ。4日かけて何万本もの重油を手作業でタンクに補充したけど、そりゃ命がけの作業ですわ」。しかし北太平洋を抜けるとうそのように波は落ち着き、12月7日未明（現地時間）、ハワイの北約400キロの洋上から瀧本らが整備した艦載機が次々と飛び立つ。6隻の空母から2回の攻撃で延べ350機が発進した。

真珠湾攻撃で炎上するウェストバージニア
（米国防総省所蔵、毎日新聞社提供）

ハワイ上空には雲が垂れこめていた。しかし、米軍に察知されていない。飛行隊長の淵田美津雄（故人）は奇襲が成功すると確信し、信号弾で爆撃を指示。雲で見えにくかったこともあり、攻撃手順は一部狂ったものの、予定より5分早い午前7時55分に爆撃を開始した。淵田の自叙伝『真珠湾攻撃総隊長の回想』（講談社）によると、真珠湾は最も浅い所で12メートルしかなく、鹿児島の志布志湾で魚雷投下訓練をひそかに実施したといい、その成果が発揮された。

瀧本は、帰艦した艦載機のエンジンをチェックしたり、ガソリンを入れたりして整備に追われた。未帰還の艦載機は少なく、戦果が上がったことは明らかで「良かった」と思った。だが不安もよぎる。「こんな小さな島国が、油もないのにあの大きな国と戦争を続けられるんか。大丈夫かいなあ」。そのころ「真珠湾」の知らせは世界を駆け巡った。

(瀧本邦慶さんは2018年12月に永眠されました)

真珠湾攻撃

開戦で一変したブラジル移民の生活

山梨県 上野志づ江さん

大阪毎日新聞(現毎日新聞)に張り出された手書きのニュース速報を見ようと何重もの人垣ができた。編集局は異様な緊張感の中で夕刊作りを進め、1面トップの大見出しは「今暁、西太平洋で米英軍と開戦す」。1941(昭和16)年12月8日。開戦の報は、またたく間に国内外に伝わった。

ブラジルのサンパウロは午後を迎えていた。日本の移民１５００人が集う「日本音楽の夕べ」で、山梨出身の教員、上野克男（故人）が尺八を吹き終わった直後に一報が伝わる。音楽の夕べは中止となり、同胞は顔をこわばらせて家路に就いた。年明けの１月、ブラジルは日本との国交を断絶し、２月には移民の拘束に乗り出す。上野宅に捜索が入ったのは３月26日。妻志づ江（２０１６年１月に１０７歳で死去）が気丈に対応したが、帰宅した上野はスパイ容疑で捕まる。「子供たちを日本に帰し立派に育ててくれ」。志づ江に言い残したが、後に釈放された。

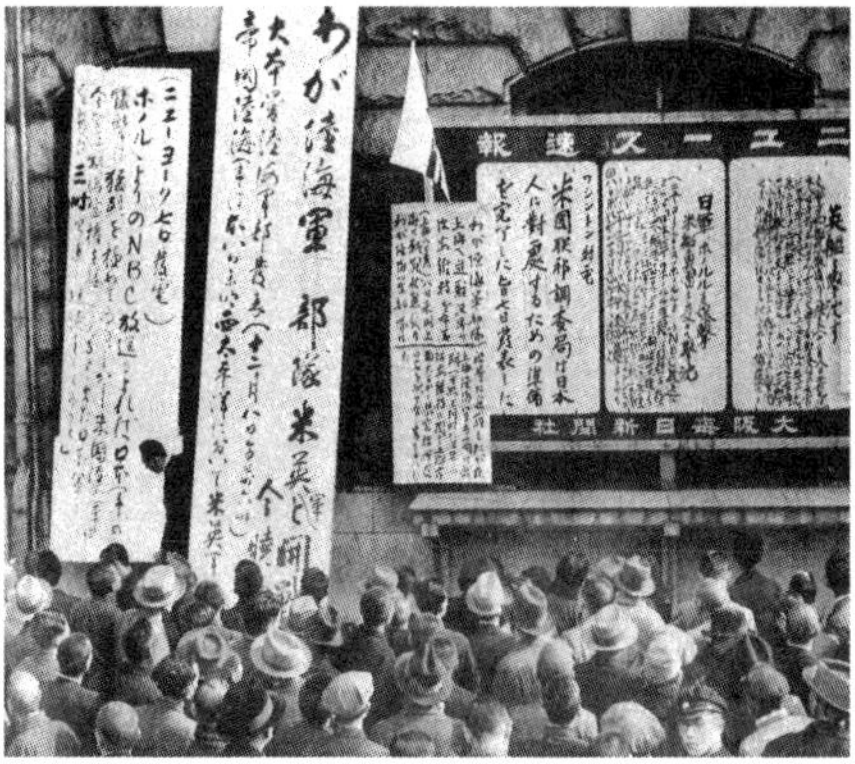

大阪毎日新聞本社前の開戦速報に見入る市民たち
＝1941年12月８日
（毎日新聞社提供）

　ブラジルへの移民は、米国で日本人排斥運動が起きた後に始まり、昭和初期には最大の受け入れ国になる。しかし満州事変などで日本への批判が高まったうえ、ブラジル政府による同化政策もあり日本への帰国者も増えた。開戦後は奥地に移住させられる移民も多かった。

　上野は、第１次日米交換船に志づ江や子供３人とともに乗船する。米国からの船には、日米交渉にあたった野村吉三郎駐米大使、来栖三郎特命全権大使や哲学者の鶴見俊輔、世界的木琴奏者の平岡養一らが乗船。志づ江は「船内で平岡の演奏を聴いた」と話す。そして42年8月20日、祖国の土を踏む。

真珠湾攻撃にわく国民。だが群馬から北海道に移った牧師、岸本貞治（故人）は冷静な目で戦争を見た。日記には「一度戦えば勝敗を決するまで戦わねばならず、悲しむべき歴史の展開が始まるであろう」と記した。

真珠湾攻撃

九軍神にまつわる証言

大阪市 青木茂さん（94）
兵庫県 上田美彦さん（82）

真珠湾攻撃では、空母の損傷など万一の事態に備え、参加しない艦船も後方支援の準備を進めた。戦艦「伊勢」の高角砲砲塔員で、2等水兵の青木茂は、聞き慣れない突然の命令に「なにが起きたんか」と戸惑った。「臨戦態勢　第一用意」「配置につけーっ」。すべてのハッチを閉じ、4番砲塔に向かう。真珠湾のちょうど1週間前、1941（昭和16）年12月1日のことである。

広島の呉に上陸したばかりで、しばらくは平穏だと思っていたところでの臨戦態勢だった。乗組員は何も知らされず6隻の船団で太平洋に出る。海は荒れ「船体が悲鳴をあげ、折れるんちゃうかと思うほど」。ところが数日後、太平洋を引き返す。「何が起きたか分からないけど、砲撃を覚悟していたので半分失望、半分安《あん》堵《ど》やったね」と振り返る。

真珠湾攻撃の特殊潜航艇で死亡した九軍神の４人。右端が古野繁実（毎日新聞社提供）

青木が大波に揺られていたころ、真珠湾では、初めて実戦投入された2人乗りの特殊潜航艇《せんこうてい》5隻が特攻雷撃を行う。戦死した9人（残り1人は捕虜）は九軍神《ぐんしん》と呼ばれ英雄となるが青木はそのうちの一人、古野繁実を生涯忘れない。初めて配属された伊勢で世話になったからだ。「地獄の伊勢」と言われるほど規律に厳しい戦艦だったが、古野は海軍砲術学校を目指す青木にやさしく声をかける。「数学がだめじゃないか。夜、俺の部屋に来い」。教育者一家に育った古野の数学特訓で試験に見事合格した。青木は砲術学校卒業後の41年に再び伊勢に戻るが、古野は既に艦を去り、誰に聞いても行き先は知らなかった。九軍神の一人として真珠湾で戦死したことは、ずっと後で知ることになる。

大阪の国民学校2年だった上田美彦は、学校で九軍神のはがきを買ったと証言する。だが不思議なのは、その人数である。「5隻で10人のはずなのに『なんで9人やねん』と思ったんですよ。捕虜のことは教えてもらえなかったなあ」と振り返る。

真珠湾攻撃の飛行隊長、淵田美津雄（故人）は自叙伝『真珠湾攻撃総隊長の回想』（講談社）の中で九軍神について「捕虜のことはひた隠しにして出撃前に撮った写真から1人を削除した。とうとう（米戦艦）アリゾナ轟沈《ごうちん》を特別攻撃隊の手柄にでっち上げて、全国民がわき立つ中で、盛大な国葬が営まれた」などと暴露した。

国民に知られたくない捕虜第1号。軍の情報操作は、この後次第に大きくなる。

（青木茂さんは2016年6月に永眠されました。上田美彦さんは2019年11月に永眠されました）

真珠湾攻撃

地獄のコタバル上陸作戦と戦艦大和

福岡県　合原締吉さん（97）
山口県　伊藤ヒナコさん（96）

マレー半島東岸の英領コタバル沖に、3隻の輸送船が停泊した。上陸用舟艇《しゅうてい》に分乗した兵士たちは高波と銃撃に苦しみながら砂浜を目指す。1941（昭和16）年12月8日午前1時半（日本時間）。真珠湾攻撃より、約2時間早い陸軍のコタバル上陸作戦である。

作戦には、中国から転戦した部隊も投入された。福州作戦の時、寝過ごして部隊から遅れた福岡出身の合原締吉《ごうはらしめきち》もその中にいる。合原の著書『南シナからビルマまで』（葦書房）によると、11月14日に目的地も知らされず広州の港から輸送船に乗った。12月4日初めて米英と戦争に踏み切ることを知る。兵士たちは、髪と爪を切り遺品とし、菊の紋章のたばこ1本をもらい、飯ごうのふたに注いだ酒を回し飲みした。

「バリバリバリ」。激しい銃撃が浴びせられ、ヤシの木が揺れる。空爆された輸送船の炎が夜空をこがし、コタバルの砂浜は地獄と化す。はいずり回る合原は「この砂浜で死ぬかと思った」という。部隊はその後、多くの戦死者を出しながら南進を続け、42年2月、7

00キロ以上離れたシンガポールに到達する。「英豪印軍は追い詰められたのでしょう。要塞《ようさい》からドラム缶のような砲弾がたくさん飛んできて生きた心地がしなかった」

2月15日には、英軍が降伏しシンガポールは陥落する。陸軍は、香港やマニラ、ラングーン（現ヤンゴン）にも侵攻し、相次いで占領する。

開戦直後の12月16日、広島・呉で世界一の戦艦大和が完成する。呉海軍工廠《こうしょう》の事務職員だった伊藤ヒナコは、建造を知らなかったが、ドックの横を通る線路沿いに高い壁ができ、大きな音が響いていたことを覚えている。そしてある時期から砲弾の仕分け用紙に「1艦砲」という分類が追加された。「今思えば、あれが大和の砲弾だったんじゃないかね」。国民に秘匿された期待の戦艦であるが、戦争の主力は既に航空機に移っていた。3年半で撃沈される運命は、この時誰も知らない。

シンガポール陥落を受け、栃木県足利市の医師、巷野《こうの》秀蔵（故人）は、2月24日の日記にルーズベルト米大統領が物資を消耗した方が負けと国民に訴えたことに対し「資源豊富なジャワ、スマトラを手中に収めたので消耗戦にも勝算ありと思う」と書いた。真珠湾攻撃や南方戦線での進撃を見れば、巷野の見通しは決して的外れではない。だが連合国の本格的な反転攻勢はすぐそこに迫っていた。

（伊藤ヒナコさんは2023年2月に永眠されました）

本土初空襲

ドーリットル隊爆撃機を見た少女

横浜市 笹谷史子さん（85）
山形県 細谷文子さん（78）

国民学校5年の笹谷史子は、神奈川・横須賀の自宅の階段を上がったところで、聞いたこともない音に驚く。穏やかな春の海から灰色っぽい飛行機が近づき、記念艦三笠の上空で旋回する。超低空で横須賀鎮守府方面に向かい、ほどなくして「ドカーン」と爆発音がした。

笹谷の父は、毎日新聞の前身、東京日日新聞の記者。静岡・清水の興津にある元老西園寺公望《きんもち》の別邸「坐漁荘《ざぎょそう》」に長年通い、西園寺の取材に当たった。西園寺の死後、１９４２（昭和17）年春に横須賀支局長となり、家族で清水から移った。笹谷は空襲が転校直後だと証言する。

同じころ横浜の本牧海岸で両親らと潮干狩りをしていた細谷文子は、突然の警戒警報でがけ下に避難した。青空を切り裂く重低音を残し、悠々と飛び去る2機の飛行機を目撃する。日本軍の練習機数機が飛び立ったが、その違いにがくぜんとする。「庶民はまだ戦争

空母ホーネットを飛び立つドゥーリットル隊のB25爆撃機
（毎日新聞社提供）

の本当の恐ろしさを知らなかったけど、力が抜けてしょぼしょぼ帰りました」

真珠湾攻撃から4カ月。2人が見たのは、42年4月18日のドーリットル隊による日本本土への初空襲である。開戦後、劣勢に立つ米国には厭戦《えんせん》気分もあったため一矢報いようと、日本への空襲が計画された。海軍の空母から航続距離の長い陸軍の爆撃機を発進させる常識外の作戦。空襲後、そのまま中国に飛び、米国が支援する蒋介石軍に保護してもらう計画である。

防衛省防衛研究所室長の柴田武彦によると、計画より半日ほど早く、米空母ホーネットは日本の監視艇に見つかる。房総半島沖1000キロ以上の洋上から16機のB25が飛び立ち、東京、川崎、横浜、横須賀、名古屋、神戸などを爆撃。笹谷は13番機、細谷は東京、川崎を爆撃したうちの2機を見た可能性があるという。

実はこの直前、茨城上空で首相の東條英機を乗せた日本軍機が40キロ先を飛ぶ、ドーリットル隊の1機を目撃する。首相機に忍び寄る米軍の影は、後の戦いを暗示するようだ。

空襲で大本営は「9機を撃墜、被害は軽微」と発表した。だが、本当は一機も撃墜できず、88人の市民が犠牲になった。

本土初空襲

パンフレットが結んだ奇跡

東京都 稲垣浜子さん(96)
奈良県 高見敏雄さん(83)
兵庫県 島田巌さん(80)

防衛省防衛研究所室長の柴田武彦によると、ドーリットル隊16機の搭乗員は、隊長のジミー・ドーリットル中佐を含め計80人。このうち計画通り、中国の蔣介石軍に保護されたのが64人で、中国での不時着時に死亡した3人とソ連領内に不時着した1機5人を除く8人が日本軍の捕虜となる。米国に帰国した搭乗員たちは英雄となったが、捕虜8人の運命は過酷であった。3人が半年後に処刑され、1人は栄養失調で死亡。ほかの4人は、終戦まで収容される。

このうち本来は大阪に向かうはずだった16番機は、名古屋でガスタンクや航空機工場な

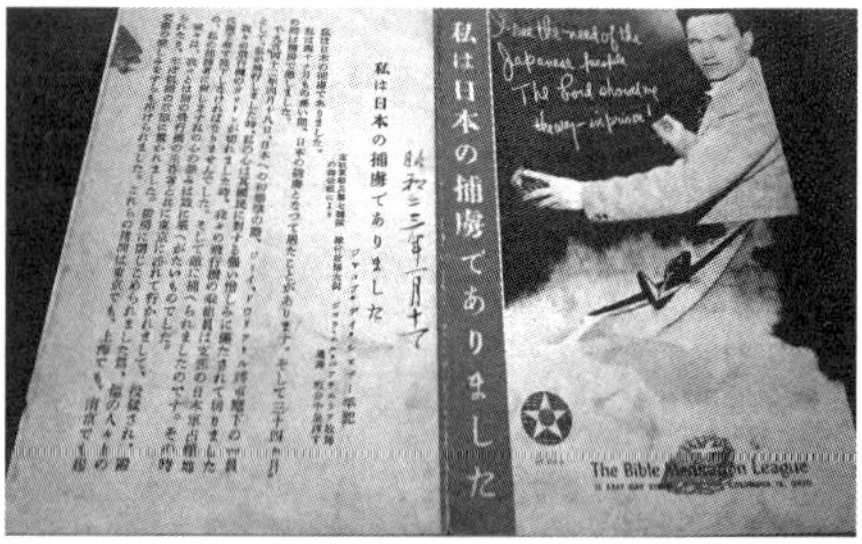

稲垣浜子さんが大切に保存するディシェザーのパンフレット（毎日新聞社提供）

どを爆撃し中国に向かったが、日本の支配地域で燃料が切れ、乗組員5人は捕虜となった。その16番機の爆撃手、ジェイコブ・ディシェザー（故人）は、真珠湾攻撃に怒ってドーリットル隊に志願した。

ディシェザーは収容所での戦友の非業の死を見て聖書に救いを求めた。

「何が日本人を米国嫌いにさせ、何が私を日本嫌いにさせたのか」。

聖書を読みふけり、日本人の多くがキリストの教えを知らないことに気付く。「父よ彼らを許したまえ」。あれだけ憎んだ敵を許す心が初めて芽生える。そして宣教師になることを決意する。

今回の取材で、手を尽くして見つけたパンフレットがある。「私は日本の捕虜でありました」。ディシェザーが宣教師になる直前に作り、20カ国以上で配布されたパンフレットである。稲垣浜子が、48年1月に東京・世田谷の教会でもらったものが、大切に保存されていた。おそらくそれと同じパンフレットが思いもしないドラマを生むことになる。

終戦から4年、1949（昭和24）年冬のことだった。奈良から上京した男が渋谷駅前で偶然パンフを受け取る。「私は日本の捕虜でありました」というタイトルに引き付けられて一気に読むと、書いたのが真珠湾攻撃に怒り、志願して名古屋を爆撃した元米下士官だと知る。

男は、その日47歳になった真珠湾攻撃の元飛行隊長、淵田美津雄。連合国軍総司令部（GHQ）に呼ばれ、たまたま渋谷で降りた。それがきっかけの一つになり、淵田はキリスト教に回心。戦争の考え方は180度変わる。

談笑するジェイコブ・ディシェザー（右）と淵田美津雄＝1950年春。「リターン・オブ・ザ・レイダー」より

「戦場ではたくさん殺した方が勲章にありつける。真珠湾では3000人も殺した。しかし私は、その遺族たちを思いやって胸のうずくのを覚えていた。戦争も正義の名において平和へ至る道だと心得ていた。（だが）正義は人間が勝手に決めるものではない」。淵田は、自叙伝『真珠湾攻撃総隊長の回想』（講談社）に、そう書き残した。

日本を憎んでいたディシェザーは、戦後日本での布教活動を決意する。48年末に来日し、兵庫県西宮市を拠点に全国を行脚。淵田との対面も果たす。50年6月ごろ、大阪市の集会に1人で参加した高校生の高見敏雄は、ディシェザーの話に感銘し、後に牧師となる。高見は「あのころ私の家は家庭崩壊の危機でした。人を許す大切さを知ったのは大きな衝撃でした」と打ち明ける。

ディシェザーは、58年に日本の信徒たちの求めで、爆弾を落とした名古屋に拠点を移す。長女キャロル・アイコは、著書『リターン・オブ・ザ・レイダー』で、ディシェザーが「神の与えた試練」と戸惑ったことを明かす。77年の引退まで日本で活動し米国に帰国するが、阪神大震災（95年）の後、82歳の時に西宮を訪れ、被災者を見舞う。淵田も米国で布教するなど、ともに生涯を通じて日米で平和を訴えた。

2人が戦争で学んだのは、憎しみの連鎖を断ち切ることである。ディシェザーを知る西宮の牧師、島田巌は「憎しみを克服するのは、お互いを知り許すこと」と説く。

話を太平洋戦争に戻そう。日米両国は2人が関わった真珠湾攻撃とドーリットル隊空襲で、憎み合い、最悪の道を歩む。

（高見敏雄さんは2022年2月に永眠されました）

本土初空襲

ドーリットル空襲の犠牲者

東京都 石出敏雄さん(75)

1942(昭和17)年4月18日、本土に初空襲したドーリットル隊のB25爆撃機は、空爆だけでなく機銃掃射による攻撃も行った。東京の都心から少し離れた農村地帯の葛飾区水元では、こともあろうに学校が標的となる。

空襲警報が、午後0時40分ごろ鳴った。その日は土曜日で、水元国民学校の子供たちの多くは既に帰宅。しかし、高学年の一部の生徒は下校途中だった。13歳の高等科1年、石出巳之助《みのすけ》は、4時間目の農業実習を終え、家に帰ろうと校門を出たところだった。

巳之助は級友たちとすぐに学校に引き返す。その時、1機のB25が突然現れ、低空で学校に向かってきた。廊下を走り、あと少しで教室というところで、窓を突き抜けた銃弾が巳之助の右腰に命中する。教員らが、担架で2キロほど離れた企業の医務室に運んだが、午後2時に死亡が確認された。太平洋戦争が始まって4カ月。本土空襲による初の犠牲者の一人となる。

巳之助の弟敏雄の話や教頭の体験記によると、その日は満州に出征していた長男春吉（後にフィリピン・ミンダナオ島で戦病死）が4年ぶりに家に戻ることになっており、両親には早引けするように言われていた。だが実習で班長だったため、後片付けも行い、被害に遭う。駆けつけた父は教師に「なぜもっと早く家に帰らせてくれなかったのか」と迫ったという。

2歳に満たない敏雄は、兄との思い出と、空襲の記憶がまったくない。家族から詳しい話を聞くこともなかった。だが、小学校に入学し、木造校舎に残る傷痕を見つける。壁が深くえぐられ、「兄が亡くなった時の機銃掃射跡だと、何となく分かった」という。

戦後30年が過ぎたころ、姉から「巳之助は、敏雄をおぶってよく面倒をみていた」と初めて聞かされる。巳之助と同じ年ごろになった姉の息子を見て「兄さんは、こんな感じだったのかなあ」と面影を追うこともあった。

「私自身、悲惨な戦争体験をしていないし、覚えてもいない。でも大切な兄2人を亡くした。戦争は、決して遠い出来事じゃない。身近に被害が起こることを知ってほしいし、戦争は二度としちゃいけないよね」と話す敏雄。

長女（43）は、くしくも兄の命日の4月18日が誕生日。「お前は、兄さんの生まれ変わりだよ」と言い聞かせてきた。74年がたった18日、敏雄は兄を思い、手を合わせた。

総力戦と資源

女子勤労奉仕で見えた日本の現実

神戸市 内山久丹子さん(94)
群馬県 山口千代子さん(86)

ドーリットル隊空襲があった1942(昭和17)年春、総力戦を掲げるものの、国内の労働力不足が見え始めた。日中戦争開始から5年。「国民皆労」を掲げ、各地で結成された女子勤労報国隊による労働奉仕が本格化する。

報国隊は、41年12月施行の国民勤労報国協力令に基づく組織。14歳以上25歳未満の未婚女性に年30日の勤労奉仕を課した。女学校を卒業して稽古《けいこ》事に励む19歳の内山久丹子は、全国で最も早い時期に、女子勤労報国隊の一員として繊維工場で奉仕した。

大阪毎日新聞(現毎日新聞)の41年11月12日朝刊(兵庫版)に、久丹子らが奉仕先から地元に戻った記事が掲載された。〈柏原《かいばら》職業指導所管内の女子勤労報国隊員八十名は、国民皆労運動に呼応して時局産業に協力すべく〝総力戦を戦い抜く〟の決意に燃え、神戸市内の某工場で四十日間尊い勤労の体験を積み、帰郷した〉

柏原は今の兵庫県丹波市。協力令施行に先駆けての実施だった。久丹子によると、10月から宿舎に泊まり込み、朝6時には作業を始めた。導火線製造の仕事で、材料の麻の粉にまみれながら夕方まで作業した。「でも、女工さんのお手伝いで機械の前に立っているだけ。日曜はお休みで神戸の街をぶらぶら歩きました」

この制度は、ドイツの労働奉仕制度や英国の国防予備軍などの総動員体制を手本にした。久丹子が奉仕したころはまだ余裕があったが、戦況悪化に伴い、労働力不足は深刻さを増す。43年9月、厚生省は女子勤労報国隊に代わって「女子勤労挺身《ていしん》隊」の編成を提示。44年8月には罰則付きの女子挺身勤労令を施行し、命令を受けた女子は1年間働かなければならない制度に変更するなど女子の動員を強化した。

兵庫・姫路の女学校に通う山口千代子は44年ごろ、紡績工場に派遣された。慣れないミシンを使い、軍服の縫製を担当した。「すぐに布がなくなり、蚊帳のようなすけすけの布で縫いました。こんなんで大丈夫かなって思いました」と打ち明ける。

44年度の国民動員計画によると、動員数は前年度の2倍となる454万2000人に達し、その主な理由は軍隊への大規模召集の穴埋めだった。学生や生徒、女子の労働力を当てにした計画である。千代子は「戦争に勝つとは思っていなかったし、女学校でほとんど勉強できなかったことが今も悔しい」と振り返る。

総力戦と資源

狙われた輸送船 父の漂流日記

東京都 井上秀郎さん(71)

「沈み行く船の向こうに明るい月が懸かっている。船体のシルエットはくっきりと浮かび、船首から一瞬の間に没して行った。シャーという蒸気の噴出する音、点鐘が悲しい音を立ててからんからんと鳴っていた」

これは大阪商船(現商船三井)の1等航海士、井上敏雄(故人)がまとめた、漂流日記の冒頭部分である。井上が乗る海軍徴傭《ちょうよう》船「彰化丸」(4500トン)は、神戸に向けてニューギニア島沖北約1000キロを航行中、魚雷攻撃を受け、夜の太平洋に沈んだ。

ラバウルを出港して3日。赤道までは掃海艇と砲艦に護衛され、3隻の徴傭船で船団を組んだが、この時は彰化丸単独の航海だった。船長ら2人が行方不明となり、他の63人の船員は救命艇で先の見えない漂流を始める。日本本土へのドーリットル隊初空襲から約1カ月後、1942(昭和17)年5月25日夜のことだった。

彰化丸は、直前の5月4日、東部ニューギニアのポートモレスビー攻略作戦に輸送船として参加した。日本軍は、この作戦で米軍に暗号を解読されたとみられ、待ち受けた米空母との海戦になる。世界初の空母戦「珊瑚海《さんごかい》海戦」である。米側は空母レキシントン、日本側は半数以上の艦載機を失った。着々と反転攻勢の準備を進める米軍の前に、日本軍は結局ポートモレスビーを攻略できなかった。

彰化丸はその時、敵機の攻撃を受けるものの被害を免れる。ところが、1カ月もたたないうちに潜水艦の標的になった。資源を求め南方に進出する日本に対し、米軍はこのころから「通商破壊」と呼ばれる海上輸送路の寸断作戦に力を入れ、輸送船に狙いを定める。

元防衛大教授、荒川憲一の「海上輸送力の戦い—日本の通商破壊戦を中心に」(防衛研究所紀要)によると、米英は第一次大戦中、ドイツ潜水艦の通商破壊で英国が降伏寸前まで追い込まれたことを貴重な教訓としたが、日本は日露戦争以来の大艦巨砲主義を崩さず、通商破壊の優先順位は高くなかった。42年から44年までの潜水艦の竣工《しゅんこう》数は日本90隻、米国171隻で、2倍近くの差があったという。

太平洋戦争で日本が失った輸送船などは、機帆船や漁船を含めて1万隻以上に上り、約6万人の船員が命を落としたとされる。

魚雷で沈没した「彰化丸」の船員たちは、1942(昭和17)年5月25日夜、救命艇に乗り移り、太平洋の大海原を漂った。54人の定員に対し63人が乗船。艇の備え付けは、羅針儀（盤）2個と乾パン4缶、水55リットルだけだった。

沈没の翌日、1日分の食糧を1人乾パン1個、水コップ1杯と決める。みな元気だが、すぐに自然の厳しさに直面する。井上の漂流日記には、27日夜のスコール後の寒さを「総員立ったまま抱き合い暖を取る」と記し、28日の酷暑は「ライフジャケットを分解して布は帽子、コルクは枕にする」と書いた。

29日はおおしけ。艇は木の葉のように揺れ「赤道直下でも冬服に外套《がいとう》（コート）は必要」と極端な寒暖差に音を上げる。そして漂流1週間。空腹は頂点に達するが、6月1日にカワハギのような魚2匹が釣れ、63等分して1切れずつ分けた。漁網のガラス玉を見つけた時には、付着する海藻と貝の身をむさぼり食った。6日には、乾パンが1缶になり、翌日から1日4分の1個にする。7日、トビウオ1匹が艇に飛び込み、夕方カツオの大群に出合うが釣れなかった。

漂流中、幻影がちらつく。雲が島に見え、星の輝きが懐中電灯に見えた。本物の汽船に2回遭遇し、ぼろ布やコルクを焼いて黒煙をあげたが、いずれも水平線のかなたに消えて行った。漂流10日を過ぎるころには、「みな目ばかり大きくぎろぎろして、肋骨《ろっこつ》が一つ一つ数えられる」ほどやせこける。炎暑に耐えられず、フカが近くに見えるのに海水につかる者もいる。

6月9日の夜明け前、なにかが見えた。明るくなって双眼鏡で確認するとヤシの木のようだ。距離は十数キロ。風も潮も逆に流れているので、オールで漕《こ》ぎ出す。1時間おきに水と乾パンをみなに配り、力を振り絞る。約8時間後ようやく島にたどり着いた。陸海軍が常駐するメレヨン島（現ウォレアイ環礁）だった。16日間の漂流で一人も脱落せず、63人は保護された。

井上は、折れそうな心を癒やす星空をロマンチックな一文にした。「夜空の清らかさはどうだ。ウキ（イ）ンクする星にウキンク返す星」。だが、輸送船への攻撃は、その後激しさを増し、星空を眺める余裕もなくなる。長男秀郎によると、井上はこの後2回沈没を経験したという。救命艇が16日間漂流している時、同じ太平洋で日本軍にとって大きな痛手となる海戦が起きていた。

総力戦と資源

隠されたミッドウェーの大敗

大阪市 瀧本邦慶さん（94）

「赤飯を炊き、ありがたく頂戴す」。これは栃木県足利市の医師、巷野《こうの》秀蔵（故人）が古希を迎えた日の日記に書いた一文である。1942（昭和17）年6月10日、その日の日記の大半を占めたのは、古希のことではなく、5日前に起きたミッドウェー海戦の大本営発表だった。

「敵空母1隻撃沈、飛行機120機撃墜、重要軍事施設に甚大なる損害を与えたり。我が方の損害　空母1隻喪失、1隻大破」。日記からは、古希と優勢な戦いを赤飯で祝った家族の喜びが浮かぶ。だがミッドウェーの現場にいた兵の思いは正反対で、大敗を実感する。

真珠湾攻撃にも参加した空母「飛龍」の1等整備兵、瀧本邦慶は「戦争になれば国は、国民をだますものですわ」と怒りを込めて証言する。日本が失った空母は、参戦した4隻すべて。空母の数では日本が優勢だったにもかかわらず、敵空母撃滅の作戦目的が徹底しなかったうえ、5月の珊瑚海《さんごかい》海戦と同様、日本の暗号が解読され、後手に回った。

飛龍は最後の1隻として米空母を大破させたが、1000人もの乗組員が戦死した。瀧本ら生存者を救助した日本の駆逐艦は、機密を守るため大破した飛龍を魚雷で沈めた。「開戦以来の大損害やのに、うそを発表するわ、誰も責任を取らないわ。それ以降、大本営発表なんて信用しますかいな」。ミッドウェー海戦では、空母や艦載機だけでなく多くの熟練パイロットも失い、その後の戦況に大きく影響する。

巷野日記には、本当の戦況を知らない国民が、けなげに我慢する暮らしが記録されている。

【食料】1月21日「野菜当り年なるに店頭にては1本の大根20銭にて販売す。何たる変態(異常)ぞや」。3月23日「商店前には長蛇の列ができ、買出人の苦悩は傍観するに忍びず」。10月19日「汽車電車混雑甚だし。多数は食をあさる都会人。茸《きのこ》一貫15円とは偽にはあらず」

【衣服】1月31日「明日より衣料規定(衣料品の総合切符制)実施。重ね着は困難となるも差支えなし。節倹心を涵養《かんよう》する一助となる」

【戦費】1月27日「臨時軍事費を加算して来年(42年)度の所要資金は実に220億円に達す」。9月5日「町内常会あり。国債180円を隣組に割当をし、貯金3割増となる」

そのころ「非国民」や「欲しがりません勝つまでは」という言葉が浸透する。物資不足も目立ち、金属回収が本格化する。

総力戦と資源

金属供出で廃業した父の印刷所

東京都　秋山寅雄さん（82）

日中戦争から続く戦時体制で、物資不足が目立ち始めた1942（昭和17）年。栃木県足利市の医師、巷野《こうの》秀蔵（故人）は、11月24日の日記に金属供出の様子をつづった。

「町内の鉄銅供出物、山の如《ごと》く、殊に多きは火鉢にして今冬の厳寒は思ひやらる。尤《もっと》も耐ゆる勇気なければ米英をたおしかたし」。その夜、巷野は町の常会で、資材供出や貯金によって、国に報いようと呼びかけた。

日中戦争が始まって5年。ここに来て南方の輸送船が狙われるようになり、原材料が入りにくくなってきた。特に金属は不足し、41年9月に国家総動員法に基づく金属類回収令が施行された。それまでのように任意の供出だと足りないからである。翌42年には各自治体が本格的に回収に乗り出し、43年には非常回収工作隊を編成し、鍋などを含め根こそぎ金属を集めた。

東京・新宿駅に近い角筈《つのはず》。中国の戦地から復員した秋山吉之助（故人）が、小さな活版印刷所を営んでいた。43年のある日、国民学校４年の長男寅雄が帰宅すると、１階の印刷所はガラーンとしていた。その朝、学校に行く時にあった平台印刷機や名刺用印刷機などすべての機械が消えている。寅雄は不思議に思ったが、父はなにも言わなかった。

金属供出で集められたお寺の鐘＝1943年（毎日新聞社提供）

印刷業界では紙やインキの配給制と、戦力増強企業整備基本要綱（43年）などにより、企業整理が進んだ。全国で１万８０００社のうち１万３０００社が転廃業に追い込まれ、３万トン近い鉄や鉛が供出された。開業して約15年。戦争で仕事を奪われ、吉之助は建築関係の仕事に出る。

そして45年５月の山の手空襲で印刷所は焼け、戦後も店を再興できなかった。だが職人としての腕を買われ、印刷会社の植字工として生き抜く。寅雄は「父は、働き盛りの40代で廃業させられて、すごく悔しかったと思いますよ」。

42、43年の金属回収は、子供たちにも強い印象を残した。大阪の国民学校に通う上田美彦（２０１９年11月に死去）は、狂歌の宿題で「釣鐘《つりがね》も国のためには戦地へと立派になって送られるなり」と詠んだ。先生が「立派になって」の部分を「兵器となりて」に直し、新聞に投稿したという。上田は「先生は、立派な釣り鐘を兵器にするおかしさを強調したかったのでしょう。戦争へのせめてもの抵抗だったのでは」と話している。

ほころび

ガダルカナルに消えた熟練飛行士

大阪府　中西明さん（82）

ぎこちない格好でセーター姿の男性が愛娘を抱く。1942（昭和17）年10月に写したこの1枚は、娘との最初で最後の写真になった。男性は、大阪出身で真珠湾攻撃や珊瑚海《さんごかい》海戦などを経験した海軍航空隊の中西義男（故人）。空母「大鷹《たいよう》」修理のため広島・呉に一時帰還した際、大阪の実家近くで撮影した。

中西は22歳の若さだが、日中戦争も経験した熟練パイロット。機敏な操縦技術で仲間に信頼され、色黒の容姿から「クロちゃん」と呼ばれていた。山口の岩国航空隊所属の時に妻と知り合い、42年3月に娘が生まれた。入籍していなかったため、母子は山口で暮らしていた。

中西の弟明によると、航空隊員の命はいつどうなるか分からないため一日でも早く入籍したかったが、そうはいかなかった。「上部の許可が必要で、憲兵の身元調査で時間がかかったと聞いています。親への手紙には早く籍を入れたいと書いていたようです」

中西義男さんの妻子

愛娘を抱く中西義男さん
（いずれも中西明さん提供）

大阪の実家に里帰りした時の休暇はわずか3日間。家族3人実家で過ごし、心安らぐひと時だったに違いない。その時、近くの公園で写したのがこの写真である。だが中西は、翌日1人で呉に戻り、すぐ南方に向かったという。

8カ月後、妻子を残して戦死する。43年6月16日のガダルカナル島・ルンガ沖航空戦である。中西はその直前、戦友にこう語った。「敵の方が圧倒的に戦闘機の数が多く、日々編隊を改善して4機で攻撃してくる。開戦当初の戦闘より今の方がずっと厳しいよ」。機敏な熟練パイロットでも弱気になるほど、技術では補えない航空戦力の差が目立ち始めていた。

中西の葬儀の写真には妻子が写っているが、戦後、妻は再婚し、消息もわからぬまま半世紀以上が過ぎた。幼かった明は、詳しい事情を知らなかったが、数年前、兄の戦友が書いた本を読み、部隊での兄の生活を知る。「兄は亡くなった時、娘の写真を持っていたのか」。それが気になり、母子の消息を調べ始めた。
だが、残念ながら2人とも亡くなったことが判明する。「2人を残し、兄の無念はどれほどだったか。でも私は今も2人が家族だと思うてます」。兄の墓前に報告した明は、冒頭の写真と、同じ時に写した母子の写真を墓に納めた。2014年11月30日の暖かい日のことである。戦争で引き離されて72年。ようやく家族3人が再会し、今は仲良く眠っている。

ほころび

密林に突っ込んだ山本五十六長官機

北海道　鈴木貞雄さん（97）

1943（昭和18）年4月18日の午後5時過ぎだった。東京の海軍通信隊に緊急電が飛び込んだ。〈連合艦隊司令部の搭乗する陸上攻撃機は、本日午前7時40分ごろ、ブイン上空での戦闘で火を噴いて密林に突入した〉。連合艦隊司令長官、山本五十六《いそろく》の搭乗機だった。

ブインのある西太平洋のブーゲンビル島は、日本の勢力下にあり、2月にガダルカナル島から撤退した陸軍の生存兵も上陸していた。鈴木貞雄もその一人で、上空の戦闘に気付いて兵舎の外に出て撃墜の瞬間を見た。「米軍機に追われた1機が私たちの頭上を越えて、ヤシの木を倒しジャングルに落ちた。もう1機は目の前で撃墜され海に落ちた」と証言する。

山本ら連合艦隊司令部幹部らは、2機の陸上攻撃機に分乗し、ラバウルを午前6時ごろ出発。6機のゼロ戦に護衛され、前線視察に向かっていた。捜索の結果、海上の墜落機から参謀長ら3人を救出したが、長官機は翌日発見され、全員の死亡が確認された。護衛隊として捜索の応援に出た鈴木は「長官は白い手袋をつけ軍刀を手に座ったような状態で見つかった」と話す。

当時、ガ島などソロモン諸島や東部ニューギニアでは、連合国の攻勢が強まり、山本らは約400機

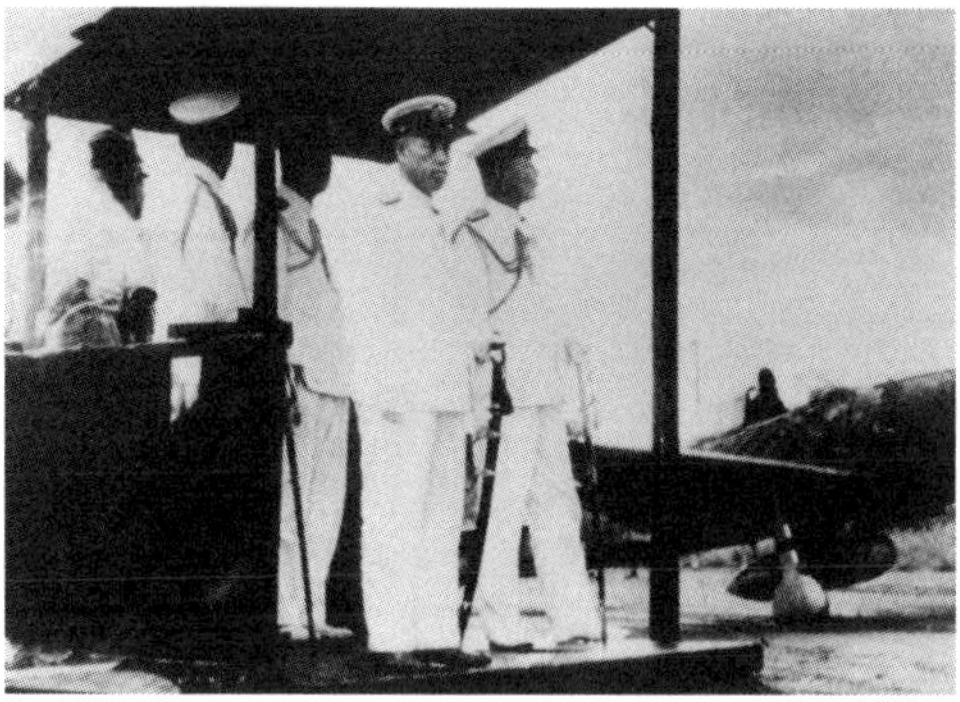

ラバウル基地で出撃を見送る山本五十六・連合艦隊司令長官
＝1943年４月11日（毎日新聞社提供）

の航空機で反撃する作戦を展開したばかりだった。視察予定地は日本軍が制空権を握っており安全とみられていた。なぜ撃墜されたのか。終戦直後の45年9月14日の毎日新聞は、撃墜に関わった米陸軍中佐の告白を報じる。

「米軍諜報《ちょうほう》部が暗号表を解読し、山本機の無電を傍受した。ガ島から飛び立った米軍機隊が待ち構えて撃墜した」。42年の珊瑚海海戦やミッドウェー海戦に続き、暗号解読がかぎを握ったようだ。ところが、防衛研修所戦史室がまとめた『戦史叢書《そうしょ》』によると、日本軍の調査では「計画的なものというよりむしろ偶発的なものと判定していたようである」と記述し、当時日本軍は暗号解読を否定したらしい。

くしくも、撃墜のちょうど1年前、ドーリットル隊による本土初空襲があり、4月18日は2年続けて日本に衝撃が走った。5月21日の大本営発表まで秘匿されるが、初めて知った国民の驚きは大きかった。小説家の伊藤整は太平洋戦争日記に「真の戦略家らしいこの人を失うことは、何にも増して心細さを覚える。まことにこれは国家民族の大戦争となっている」とつづり、国の将来に不安を示した。

【取材メモ】

鈴木貞雄さんは取材当時97歳。耳が不自由なので、長女の大沢弘子さんを通じて文書で取材した。主な一問一答は次の通り。

Q1．どうして空中戦に気づいたのですか。護衛は見えましたか。

鈴木　ガダルカナルから日本への帰路中、前線基地・ブインの兵舎にいた朝、上空ですさまじい音が聞こえたので、外に出てみた。頭上で激しい戦闘が始まっていた。6機の戦闘機と、山本長官搭乗機を含む陸上攻撃機2機を米軍機（ロッキード）20機ぐらいが二手に分かれて襲っていた。

Q2．どのように墜落しましたか？

鈴木　1機は海に撃墜され、もう1機は頭上を越えてヤシの木すれすれでジャングルに落ちて行った。火は出ていなかった。

Q3．墜落機を捜索したのはいつからですか。

鈴木　すぐに捜索隊（特殊部隊）がジャングルに入り、捜索を始めた。

Q4．陸軍部隊はみな捜索に駆り出されたのですか。ジャングルには何人でどのように入りましたか。

鈴木　陸軍部隊がみんな入ったわけではない。十数人ぐらいだと思うが、ジャングルの中に道を付けながら進んでいった。次の日、連絡員だった私は捜索に加わるよう指令があり、道をたどっていったが2日間ぐらい発見できなかった。

Q５．墜落機はどのような状態だったのですか。

鈴木　基地から３～４キロぐらいのところだろうか。軍機の残骸のところで山本長官を発見した。長官機は火もふいていなかった。

Q６．山本長官の遺体はどういう状態でしたか。

鈴木　長官は胸から上しか見えなかった。座った状態に近く、白い手袋を着け、軍刀を持っていた。不思議なくらい体はそのままの状態だった。ハエが顔にたかり、判別できなかったが、捜索隊は「軍刀を持つ方が長官」と言っていた。

Q８．遺体の引き上げや機体回収に携わりましたか。

鈴木　あまりにも見かねる状態だったから「お前たちは遠慮すれ」と言われ、引き上げには加わらせてもらえなかった。

ほころび

大本営「玉砕」発表の違和感

大阪府 村瀬幸子さん（88）

連合艦隊司令長官、山本五十六《いそろく》の戦死発表から9日。兵庫県明石市の航空機工場で働く15歳の村瀬幸子は、いつもと違う大本営発表を聞いて、仲間と顔を見合わせた。「アッツ島守備部隊は、敵主力部隊に最後の鉄槌《てっつい》を下し、全員玉砕《ぎょくさい》せるものと認む」。これが大本営発表で初めて使われた「玉砕」である。

発表は、１９４３（昭和18）年5月30日夕、ラジオで読み上げられ、「海ゆかば」が流れた。「いつもなら、軍艦マーチで『勝った』なのに、初めて聞く負け戦。印象に残った」と村瀬は言う。米軍は、アリューシャン列島西部の同島に同月12日、2万人の兵力で上陸。約２６００人の日本軍守備部隊は、米軍の砲撃で29日夜には百数十人に減る。負傷兵は自決し、他の兵士は米軍の拠点に突撃して全滅した。

アッツ島玉砕は、南北朝時代、後醍醐天皇に忠誠を誓い、負けを承知で湊川《みなとがわ》の戦いに挑んだ楠木正成《くすのきまさしげ》にたとえられ、美談として受けとめられた。栃木県足利市の医師、巷野《こうの》秀蔵

（故人）は「小楠公《しょうなんこう》（正成の子、正行）に比肩すべき勇士の心中を察すれば、吾々《われわれ》国民沈黙を許さず何等《なんら》か之《こ》れに応へざるべからず。ただ忠誠を尽くすのみ」と日記に記した。

これに対し、作家の永井荷風は厳しい目を向けた。日記に「自己の名誉とその一刹那《せつな》の感情のために多数なる無辜《むこ》の兵卒を犠牲にして顧みざるは、利己主義の甚しきものと謂《い》はざる可《べか》らず」と守備部隊長を英雄視する風潮を切り捨てた。さらに、福澤諭吉が「学問のすすめ」で討ち死には無益と書いて論争となった「楠公権助《ごんすけ》論」を例示し、批判した。

玉砕を美談に仕立てたい軍部。だが、ミッドウェー海戦、ガダルカナル島撤退、山本五十六の戦死など、ほころびが目立つ戦況に国民も気付き始める。誰も口にしないが、国力の差は歴然としていた。

攻勢を強める米英は43年1月、モロッコ・カサブランカで重要な申し合わせをする。講和ではなく無条件降伏まで戦う内容である。アッツ島やガダルカナルの敗戦は、完膚なきまで日本をたたく序章に過ぎなかった。

ほころび

兄の戦死通知を見て泣き崩れた母

京都府 平林治男さん(80)

「戦争は庶民が犠牲になる殺し合いですわな」。南の海で戦死した兄を持つ平林治男は、そう言って形見のバイオリンに触れた。「兄はあの時代を懸命に生きたと思う。でも国に忠誠を誓って命を捨てるのは、今では考えられないですよ」

12歳上の長男実(故人)は、駆逐艦「大波」に乗り、1943(昭和18)年11月24日夜、南太平洋ソロモン諸島のブカ島からラバウルに向けて輸送の警戒任務についていた。米軍の不意の攻撃で魚雷が命中し、25日午前0時6分、艦はあっという間に沈んだ。大波の乗組員は全員死亡。兄は20歳の若さだった。

国民学校2年の治男は、畑仕事をしていた母が、役所の人に紙切れを渡され、その場で泣き崩れた姿を覚えている。「それが戦死の知らせだったと思います」。しばらくして家族で駅にお迎えに行った。海沿いの駅では大勢の人が兄を出迎え、水兵が白木の箱を手渡した。中には、遺髪と爪が納められていた。

母は兄が出征して3年近く、1キロほど離れた村外れの氏神に一日も欠かさずお参りした。兄が帰郷した最後の夏、部隊に戻る兄を追う母の後ろ姿は悲しげだった。そして晩年、兄から届いた手紙を自分の棺に入れるよう言い残し、兄のもとに旅立った。治男は、兄の戦死を思う時、なぜか母の悲しげな姿が浮かぶ。

蓄音機を手に入れるほど音楽好きな兄は、南方に向かう前、治男にバイオリンを残す。父が舞鶴の下宿先から「治男への形見だ」と持ち帰った。「兄は、ええ格好しいでした。バイオリンをなぜ持っていたのか、全然分かりませんが、ケースを買って大事にしまっておきました」

音符も読めないが、治男は大人になり毎晩練習した。自己流だが「湯の町エレジー」や「星影のワルツ」「青い山脈」など、当時の流行歌が弾けるようになった。そして子や孫ができて、兄の戦死や母への思いを改めて募らせた。

治男は、孫たちが保育園に通った約10年前、園のクリスマス会でサンタクロースに変装し、孫には内緒で形見のバイオリンを演奏した。「平和の大切さを子供たちに少しでも感じてもらえればうれしいし、機会があればまた演奏したい。戦争は絶対だめだと言い続けます」

あちこちで日本のほころびが目立つようになった43年。祖国インドの独立を目指す一人の志士が、極秘裏に日本の土を踏む。

インドの志士

チャンドラ・ボースと日本

福岡県 倉本美代子さん(76)
埼玉県 黒田義正さん(95)

東京・杉並の蓮光寺に、一人のインド人の遺骨が安置されている。祖国の独立を見ることなく、亡くなったとされる独立闘争指導者、スバス・チャンドラ・ボースである。なぜ、インドの志士がここで眠るのか。ほころびの見える日本と手を携えた波瀾《はらん》万丈の半生をたどる。

1943(昭和18)年4月23日。アフリカ・マダガスカル島の南約800キロのインド洋は大きくうねっていた。「総員配置につけーっ。ドイツ艦が見えたぞ」。海軍の「伊29」潜水艦に響いた声に乗組員はきびきびと仕事をこなす。

連合艦隊司令長官、山本五十六《いそろく》の搭乗機が撃墜されてから5日後。ドイツの潜水艦Uボートからボースを移乗させ、日本が統治するサバン(インドネシア)へ送る特殊任務である。艦長は乗組員に「一国の宰相級の人として従者を含めて礼儀を失せざること」「日本人はインド人の兄貴分たるところを見せること」などの注意を伝えた。福岡出身の浦橋七郎（故人）は、その時の航海を日誌に残した。

ボースは、カルカッタ市長や国民会議派議長を務めた政治家。英国からの独立機運が高まった39年、急進的な独立闘争を訴え、非暴力不服従主義のマハトマ・ガンジーやジャワハルラル・ネールとたもとを分かつ。41年1月に軟禁中の自宅から逃げ、アフガニスタン、ソ連を経由してドイツに亡命。42年の日本のビルマ（現ミャンマー）攻略を知り、日本行きを決める。

43年2月、Uボートでドイツを出て大西洋を南下。アフリカ・喜望峰を回って73日かけてマダガスカル島近海にやって来た。波が高く、「伊29」と合流してから4日間は乗り移ることができなかったが、4月27日朝から、乗組員がボートで行き来し準備を進めた。

伊29に乗り移ったボース（中央）＝倉本美代子さん提供

浦橋の日誌によると、マラリアの特効薬や金塊、兵器の設計図、魚雷などをやり取りした後、「伊29」からはドイツに最新技術を学びに行く日本軍の2人、Uボートからボースと従者ハッサムがそれぞれ乗り移った。すべての作業が終わった時には夜9時前になっていた。

「ベレー帽をとって、にっこりと安堵《あんど》と深い喜びをたたえた顔で司令と握手した。革命の志士とは見受けられないほど温顔である」。浦橋は、第一印象をそう記した。海を見て黙考することが多かったボース。荒れるインド洋のように、波乱の運命が待ち受けていることを、その時ボースは知らない。

「今こそ最大の勇気を出して、祖国インドの独立を保有しなくてはなりません。ボースの名を世界に示す日を待っています」。ボースを「伊29」潜水艦に迎えた時、浦橋が乗組員を代表して歓迎の言葉を贈った。

艦内でボースは浦橋に何度か話しかけた。ドイツ・ベルリンの大空襲で読書もできなかったことや、インドでのネールとジンナー（パキスタン分離独立後の初代総督）の確執など、きわどいことも率直に話した。また、天長節（昭和天皇の誕生日）や赤道を通過する際の「赤道祭」にも加わり、飾らない一面ものぞかせた。

11日後の5月8日に目的地のサバン（インドネシア）に到着し、ボースは浦橋に手紙を渡す。浦橋の長女、倉本美代子が大切に保管する手紙には「私自身並びに私の故国に対して表された、（独立への）良き願いに対して深甚なる感謝の意を表します」とタイプライターでつづり、自筆の署名を書き入れた。

不慮の墜落死 そして独立

日本と組んで英国を倒し、独立する道を選んだボースは43年6月、東京で首相の東條英機と会談する。東條は人柄に魅せられ、協力を約束する。10月にはシンガポールで、自由インド仮政府の樹立を宣言。翌44年にはビルマ・ラングーン（現ミャンマー・ヤンゴン）に仮政府を移し、インド国民軍を率いて、日本軍とともにインパール作戦に臨む。3年ぶりに祖国の土を踏みしめるが、食料や燃料の補給もなく撤退を余儀なくされる。

ボースは、日中戦争時、武力で中国侵略を進める日本を批判した。それなのになぜ、日本に加担したのか。ボースの信念は至って単純である。45年5月にバンコクで行った演説で「英国の敵はインドの友」と述べたひと言に凝縮されている。支配された側の論理である。

当時英国は、ボースの独立闘争を深刻に受け止め、特殊機関が暗殺指示を出したことも近年の研究で明らかになった。武力闘争の評価は議論があるところだが、植民地の抑圧された民衆のエネルギーは爆発寸前だった。

ところがボースが頼った日本は戦争に敗れる。独立闘争もついえたかに見えたが、ボースはソ連への亡命を決意する。満州に向かうため、ベトナムのサイゴン（現ホーチミン）から陸軍機に搭乗。45年8月18日、給油地の台湾・松山飛行場を離陸した直後に墜落した。機体は炎上し、ボースは全身にやけどを負う。「私はまもなく死ぬ。祖国の人々にインドの自由のため戦い続けるよう伝えてくれ。インドは自由になるだろう」。死線をさまようボースは病院のベッドで補佐官に語った（スバス・チャンドラ・ボース・アカデミー「ネタジと日本人」より）。その言葉は遺言となり、予言にもなる。

軟禁中の自宅を逃げ出してから4年。ドイツから独日の潜水艦を乗り継いで日本へ渡る。シンガポールで、43年10月に自由インド仮政府の樹立を宣言するまで周到に準備を進めた。シンガポールの陸軍第3航空軍司令部に所属した黒田義正は、そのころカラン飛行場でボースを見送ったことがある。墜落機と同じ型の輸送機に乗り込む時、日本の陸軍中将とにこやかに話す姿が今も脳裏に浮かぶ。「帽子のようなものをかぶり、とても大柄で立派に見えましたよ」。仮政府樹立前後の忙しい時期だ。

連合国軍総司令部（GHQ）への事故報告書によると、ボースは45年8月22日に台北で火葬され、遺骨は東京に運ばれた。葬儀場が見つからなかったが、杉並・蓮光寺の望月教栄住職（故人）が「霊魂に国境はない」と受け入れた。遺骨はそれ以来、安置されたままだ。

歴史の皮肉なのか。ボースの死後、ボースが率いたインド国民軍に対する軍事裁判があり、それをきっかけに、反英運動がインド全土に広がる。武力衝突なしに独立を勝ち取ったのは、47年だった。政敵ネールが初代首相に就任し、枢軸国に協力したボースの話はタブーになる。

だが、出身地のベンガル地方などでボース人気は根強かった。「ボースは生きている」という生存説が、まことしやかに流れた。そのためインド政府は調査委員会を計3回設置。最初の2回は「ボース死亡」を追認したが、2005年の3回目には「死亡の根拠はない」とした。

宗主国打倒に身を投じ、不慮の事故で命を落とした独立の志士。数奇で悲劇的な人生ゆえ、祖国での「死」を巡る論争は今もくすぶる。そして70年の間に、遺骨返還を目指した日本の関係者の多くは鬼籍に入り、蓮光寺住職も孫の代になった。「先々代からの願いである返還を実現したい」。望月教善住職（41）は、そう言って遺骨を納める厨子《ずし》に目をやった。

絶対国防圏

絵に描いた餅　絶対国防圏の幻想

広島県　津田逸次さん（87）

1943（昭和18）年に入り、連合国の本格的な攻勢が続き、9月30日の御前会議で絶対国防圏が正式に決まった。ミッドウェーやガダルカナル島、アッツ島などで相次いで敗れ、太平洋、インド洋方面で絶対に守るべき範囲を示したのが絶対国防圏を規定した大綱である。直前には枢軸国のイタリアが無条件降伏し、連合国の攻撃は激しさを増していた。『昭和天皇実録』によると、御前会議では枢密院議長が国防圏の意味と自信の有無、陸海軍不和の風聞などを質問し、最終的に全員一致で可決した。その圏域は、千島、小笠原、パラオなど内南洋（中西部）及びニューギニアやビルマなど広大な地域である。しかし、連合国との差は既に覆いがたく、絵に描いた餅になる。

44年5月10日午前7時ごろ、30隻ほどの船団でフィリピン・ルソン島沖を航行する貨物船「昌平丸」が魚雷攻撃を受ける。15歳の少年通信兵、津田逸次は、昭南島（現シンガポール）への転属命令が出たため、その船に便乗し、飛び込んだ海の中で木片につかまりながら沈没の瞬間を目撃する。

「船首から海の底に向けて逆立ちしたように沈んだんです。ものすごい爆発音がして、見上げるほどの水柱が上がりました。海面もビルの2、3階の高さぐらいまで上がり、その後、谷底に落ちる感じで海面が下がっていきました」

昌平丸は南方に向かう前、佐世保で資材を積み込むため、数日間停泊。津田は、船に1000発の機雷や高射砲の砲弾などを積み込むのを見たといい、不吉な予感がした。「これだけ多くの機雷を積んでいるから1発でも敵弾が命中すれば沈没するな」と思ったという。

海に飛び込んだ数百人は、9時間ほど漂流し、大半は救助された。だが津田と一緒に木片につかまっていた1人は、途中で力尽きて海に沈んだ。津田は「今から思えば、フィリピンも絶対国防圏に入っている。当時、日本に制海権などなかったのでしょう」と話す。

輸送ルートを断てば、南方の資源は日本に入らないし、戦地への武器補給もできない。連合国が「通商破壊」を徹底した狙いはそこにあり、日本の絶対国防圏の設定は、もはや何の意味も持たなかった。

そのころ、日本軍の拠点ラバウル（パプアニューギニア）では、砲弾が底をつき空襲に対抗できない状態に陥っていた。

絶対国防圏

補給絶たれたラバウルの日本軍

福岡県 石井正大さん(96)

「砲弾あと600発!」。ラバウル(パプアニューギニア)を守る「官邸山」の高射砲部隊で、中隊長が兵士たちにそう告げた。1944(昭和19)年3月10日のことだった。空襲は連日続いているが、砲弾の補給は途絶え、20日にはわずか47発になった。その日の空襲で6門の高射砲から一斉に砲撃し、弾が尽きた。高射砲部隊に所属する石井正大のすぐ横の分隊が直撃を受け、12人が爆死した。

石井は「砲弾がなくなった後、使用不能の戦闘機から機関銃24丁をもらい訓練し、敵の上陸に備え、『たこつぼ』と呼ぶ穴を掘って機雷を背に戦車へ突っ込む訓練もしました」と証言する。だがもはや戦える状況ではない。数十キロ内陸に入った「鏡原」と名付けた草原に陣を移す。陸海軍合わせて約10万人もの兵がラバウルに駐屯したが、兵士らは鏡原に集まり、集団で生活。イモ栽培などで飢えをしのいだ。

「米軍がラバウルの日本軍を『食料のいらぬ捕虜』と言ったことを、後から中隊長に聞きました。上陸する気はなかったんですね」と石井は言う。爆撃や機銃掃射は終戦まで続いたが、石井らは、防空壕《ごう》で耐えるしかなかった。

米太平洋艦隊司令長官のチェスター・ニミッツの『ニミッツの太平洋海戦史』(恒文社)によると、連合国側の「ラバウル作戦」では、複数の同時作戦で周辺を押さえることに腐心するとともに、日本海軍の戦闘機の50%、急降下爆撃機の85%、雷撃機の90%を撃墜するなどし、航空兵力の脅威を取り除いた。さらに補給路を断つことで、日本の拠点を無力化することに成功したとしている。

こうして連合国は、ラバウルの日本軍を中ぶらりの状態にしたまま、43年の終わりごろからフィリピンとマリアナ諸島を目指して進撃する。防衛省防衛研究所が2009年に開いた「戦争史研究国際フォーラム」に参加した英グラスゴー大教授、フィリップス・オブライエンの発表によると、43年5月の米英会談で、米海軍が初めてマリアナ諸島制圧を提示。開発中のB29爆撃機ならば日本本土攻撃も可能と主張したという。

フィリピン奪還は、開戦直後に日本の進攻で豪州に逃れたダグラス・マッカーサーの悲願だったが、オブライエンは「その作戦における人員ならびに装備の損耗は日本を打ち破るにはまったく不必要なものであった」との近年の評価を紹介し、無意味な作戦と指摘した。

背　水

ある出陣学徒の本音

茨城県　小林義治さん（97）

連合国の猛烈な攻勢で、背水の日本は兵士不足に陥る。1942（昭和17）年には、大学や高校など高等教育機関の修業年限を半年短縮し、9月卒業、10月入隊という措置を取る。43年には、文科系学生の徴兵猶予が解除され、いわゆる学徒出陣が始まった。

東京・後楽園球場で43年7月に開かれた学徒航空決起大会。大会の様子を報じる日本ニュースに、日本大3年の小林義治の笑顔がアップで映し出された。映画館でそのニュースを見た故郷・茨城に住む妹利江が「映ってたよ」と連絡し、小林は映像を写真に焼いてもらう。9月の卒業後に入隊を控え、「万一死んだ時の形見にしたかったから」という。

大学の旗手を務めた小林にとって、決起大会は事実上の壮行会。うれしそうな表情からは想像できないが、複雑な思いがあった。「米英に勝てるとは思わなかったし、当時は政治家になる夢があった。生きて帰るつもりでしたよ。もちろん口には出せないけど」と打ち明ける。

撤退や玉砕が次々発表され、戦況が芳しくないことは国民も感じ始めていた。とりわけ学徒出陣の学生たちは、出征に際し自分自身を納得させる苦悩があった。熊本の旧制五高卒業生を招き、熊本大が2010年に開いた学徒出陣者座談会での率直な話を紹介しよう。

A「天皇陛下のために死ぬというのはおかしい。親兄弟、民族のためだったら死ねると納得しました」

B「どうして勝ち目のない戦争を始めたのか、という気持ちが先にあって得心がゆかない。最後は運命として受け入れざるを得なかった」

C「徴兵回避のため、クラスの何人かは医者になりました」

もちろん、批判的な学生ばかりではないが、死を意識する状況に置かれ、誰もが悩んだに違いない。

満州で命の危険を何度もくぐり抜けた小林は、46年秋復員した。心の支えは「大学まで出て死んだら意味がない」という強い思いであった。

（小林義治さんは2022年2月に永眠されました）

背水

テニアンのガマで見た地獄

東京都　渡部勝正さん（77）

赤ちゃんの泣き声が夜のガマ（洞窟）に響いた。日本兵や民間邦人約30人が、波打ち際にあるガマの中で声を潜める。5歳の渡部勝正は、奥にいた日本兵の一人が口にした「殺しちまえ」の言葉と、その後、目の前で起きた悲しい出来事を記憶から消すことができない。

このガマは、テニアン島最南端のカロリナス岬に近い断崖の下にある。サイパン島玉砕後の1944（昭和19）年7月24日、米軍が島北部に上陸。ナパーム弾や火炎放射器による掃討作戦で、南の果てに追い詰められた。「ミキヤマ」と名乗る女性は、泣きやまない赤ちゃんの顔を乳房に押し付けた。

「赤ちゃんは生後半年ほど。最初はばたばた手足を動かしていましたが、次第に動かなくなり、窒息死しました」。ガマに逃げ込む直前、女性は爆撃で夫も亡くした。勝正は、泣きながら赤ちゃんを海に葬る女性の後ろ姿を見て、幼心に無常を感じた。

生き延びて米軍に収容されるテニアンの生存者
＝1944年８月（米国立公文書館所蔵、毎日新聞社提供）

ギルバート諸島やマーシャル諸島を奪った連合国軍は44年6月から、日本により近いサイパン、テニアン、グアムなどマリアナ諸島に狙いを定める。B29爆撃機で本土空襲を可能にするためで、後の東京大空襲や原爆もここが発着点になる。『戦史叢書』（朝雲新聞社）などによると、サイパンでは守備隊4万人超が玉砕し、民間人約1万人も投身自殺するなどした。テニアンでも約８０００人の将兵が玉砕し、３５００人の民間人が殺されたり、自殺したりした。

「私たちのいたガマの中から海を見ていると、人が海に落ちるのが見えるんです。入り江には死体がたくさん浮いていました。手りゅう弾で自殺した一家もいました」

サイパン玉砕では、最高指揮官の南雲《なぐも》忠一らが突撃を命令。訓示で「戦陣訓」の「生きて虜囚《りょしゅう》の辱めを受けず」の一文を引用し、兵士に玉砕を命じた。「虜囚＝捕虜」ではないとの解釈もあるが、「捕虜になるより死を選ぶ」意識は兵士だけでなく、国民にも広がっていた。

74年にフィリピン・ルバング島の密林で見つかった小野田寛郎（故人）は、出征前、母から短刀を渡され「捕虜になるなら自決しなさい」と言われたという。勝正は「捕虜になると戦車で踏みつぶされる」と聞いたが、実際には違った。この夏、勝正は慰霊のため70年ぶりにテニアンを訪問する。もう一度現地で戦争とは何だったのか考えるつもりだ。

背水

今も歌えない「ゆりかごの唄」

神戸市　淀井静子さん（80）

♪ゆりかごのうたを　カナリヤがうたうよ　ねんねこ　ねんねこ　ねんねこよ

幼い姉妹の歌声が戦時下の街に響く。夜空に浮かぶ円い月。国民学校2年の淀井静子は、父と月見をしたあの日の思い出が、悲しい旋律とともによみがえる。

1944（昭和19）年の中秋、軍属として輸送船「西豊丸」の船長を務める父は久しぶりに大阪の自宅に戻った。静子は、家族6人がそろったお月見がうれしくて仕方なかった。

父親が戦死する直前、家族で撮った写真。
左端が淀井静子さん（淀井さん提供）

2階の物干しに広げたゴザで、四つ下の妹が父に甘えてしがみつく。

静子は、父と母に大好きな曲を聞いてほしくて、妹と立ち上がって手をつなぎ、「ゆりかごの唄」を歌った。月明かりが姉妹を照らし、歌声に合わせて二つの影が揺れる。静子にとってやすらぎの時は、父と過ごす最後の夜になる。

翌朝、父が家を出る時、母は涙を流していた。いつもは「行ってらっしゃい」と声を掛けるのに言葉はない。「なんでお母さん、泣いてんのん？」。不思議に思ったが、なぜか口にすることはできなかった。

父の乗る「西豊丸」は、レイテ沖海戦で連合艦隊が惨敗した後、第3次レイテ増援輸送作戦に参加。主戦場のレイテ島に、兵士約1000人や軍需品を送りこむ任務である。同年11月11日、フィリピン・マニラからレイテ島オルモックに向け航行中、爆撃されて沈没する。

「お月見の日、父は何も言わないし、私はいつものように3カ月ぐらいしておみやげを持って帰ってくると思っていました。戦死の知らせがあり、四天王寺さんにお迎えに行った時、母から『お父さんはお月見の日、みんなと別れに来たのよ』と初めて聞きました」

戦後、4人の子供を抱える母は、生きるため、夜学に通い幼稚園教諭の資格を取る。ところが、中学に入ったばかりの長男（静子の兄）を破傷風で亡くし、母自身も勤め始めてまもなく喉頭結核を患う。49年に37歳で亡くなり、中学生の静子が喪主を務めた。残された3姉妹は、親戚の家で育てられた。

運命の歯車が狂ったのは戦争によってである。あのお月見の晩を思い出すとつらくて、涙がこぼれる。「孫にあんな経験はさせたくない」。無邪気に歌った「ゆりかごの唄」は、切ない歌となり今も歌えない。

空襲

東京大空襲前夜の小豆ご飯

相模原市　佐藤清一さん(81)

戦況悪化に苦しむ日本は、1945(昭和20)年の新しい年を迎えた。いつになく厳しい寒さが続いた。そんな中44年12月に東南海地震、45年1月には三河地震が起きた。死者・行方不明者は両地震で3500人以上に上り、三河では建物全壊率が3割に達する地域もあった。国の行く末を暗示するかのような大災害の追い打ち。米軍はそのころ、日本を追い込む次の一手を打っていた。

ドイツ空襲で成果をあげたカーチス・ルメイを45年1月、司令官に登用した。44年夏、サイパン、テニアン、グアムのマリアナ諸島の日本の守備隊が玉砕し、米軍はB29爆撃機の基地を確保する。直後から本土空襲を仕掛けたが、命中精度が低く司令官を交代。ルメイは、夜間低空での焼夷《しょうい》弾攻撃を取り入れ、一夜にして10万人もの命を奪った東京大空襲を決行する。

45年3月9日、東京は静かな夜を迎えていた。日暮里《にっぽり》の国民学校4年、佐藤清一は、母や兄妹と4人で夕食を取る。この日は、宮部みゆきの小説『小暮写眞館』でも描かれた小豆の配給があったといい、食卓には久しぶりに小豆ご飯が上った。「翌日、父の実家の栃木に疎開する予定だったので、家での最後の食事でした」

眠ってから、しばらくして起こされる。外には火の粉が舞い、銀色の機体に赤い炎を反射するB29が飛んでいた。水に浸した防空ずきんをかぶり、たどり着いた役所近くの広場で夜を明かす。下町を標的にした東京大空襲である。

その朝、家に戻ったが跡形もなく焼けていた。「空腹だったので、小豆ご飯を捜したけど、釜の中は真っ黒でした」。栃木に向かうため一家は少し離れた駅まで歩いた。その手前で炊き出しがあり、最後に残った塩にぎりを分けてもらった。「ありがたいし、本当においしかった」

父兼吉の消息は戦後、判明する。44年8月にテニアン島の警備隊員として39歳で死んでいた。そのテニア

東京大空襲で焼け野原となった神田付近
（毎日新聞社提供）

ンなどから押し寄せたB29のじゅうたん爆撃で、父が建てた家も灰になった。清一は「皮肉だけどこれが戦争」と話す。

空襲

国民学校地下で死んだ母と弟妹

大阪府 大塩善子さん（81）

地下に入ると、多くの遺体が横たわっていた。「奥にいるから」と言う父のベルトにつかまり、遺体を踏まないように近づく。そこには冷たくなって動かない、母と就学前の弟、幼い妹の姿があった。「怖くて怖くて、泣いてばかり。悲しかったけどじっと見ることはできなかった」。当時9歳の大塩善子は、そう言って1945（昭和20）年3月の東京大空襲を語り始めた。

3人が見つかったのは、家から近い浅草の国民学校。善子は、1月に叔母の養女となり、麻布に住んでいたため、父からの急報で駆けつけた。9日深夜から10日朝にかけて、父は消防団員として見回りや誘導を続け、母と弟妹は早い時間に学校の地下へ避難した。

父から聞いた話では、後から地下に逃げ込んだ人のふとんが、くすぶる火の粉で燃え出したらしく、蒸し焼きになった地下で押しつぶされた。3人はほとんど焼けずに、きれいな姿だったという。

鶯谷《うぐいすだに》近くに埋葬されると聞き、引き取るため父と一緒に行ったが、トラックで運ばれたおびただしい数の黒こげの遺体が、次々と大きな穴に投げ込まれ、3人を見つけられなかった。

「鶯谷への行き帰り、何度か遺体を踏んでしまい、泣きました」。養父母の麻布の家も焼失し、焼夷弾《しょうい》の恐ろしい記憶と、浅草でのむごたらしい光景が心の傷になった。

東京大空襲では、マリアナ諸島から飛び立った約300機のB29爆撃機が、焼夷弾約1800トンを下町地区などに投下。本所区や深川区のほか、浅草区、城東区（いずれも当時）などの木造家屋約28万戸を焼き尽くし、10万人が死亡、100万人が被災したとされる。

悲しみに沈む善子は、父から水晶の印鑑と通帳を渡される。母の帯から出てきたといい、家から持ち出したらしい。印鑑に彫られているのは「善子」の名前だけ。「結婚に備え、母がお金をためてくれていたと思います。嫁に出れば名字が変わるので名前だけ彫ったのでしょう」

大空襲は、大切な家族を奪い、家も写真も思い出もすべて焼き尽くした。印鑑は、母の愛情を感じる、たった一つの形見となった。

焼け出された善子と父、養父母の4人は、麻布の国民学校に避難する。「ユキノシタも食べたし、墓地の卒塔婆で煮炊きもした。戦中戦後は、そんな生活ですよ。戦争がどんなものか、今の政治家は想像してほしい」

神奈川県 新宮美智子さん（84）

空襲

相次いだB29墜落

岩手県 加藤昭雄さん（70）

東京大空襲の夜、B29爆撃機の一部が東北に向かい、うち3機が宮城、山形県境にある蔵王連峰の不忘山に墜落した。岩手県花巻市の元高校教師、加藤昭雄は、地元で証言を丹念に収集し、史料と突き合わせて、なぜ東北に向かったのか、謎の解明に挑んだ。

1945（昭和20）年3月14日の毎日新聞は、墜落現場に入った記者による「B29 二機蔵王へ激突」という記事を掲載した。機体の損傷状況や、死亡した米兵の様子に加え、「爆音が頭上を通り過ぎて行った直後、不忘山の方向に大爆発音が起こった」との証言を伝えた。後に墜落機は3機と判明し、乗っていた計34人全員の死亡が確認される。加藤はふもとの集落などで集めた証言などから、1機目は10日午前0時、2機目は午前0時半～1時半、3機目は午前2時過ぎに墜落したと推定。「当日は猛吹雪で不安定な大気の影響のため墜落した可能性がある」と話す。

実は3機の墜落と前後して、福島県平市（現いわき市）や盛岡市で焼夷《しょうい》弾攻撃があり、青森や仙台上空にもB29が出現した。平では16人が死亡し、588戸が全焼。盛岡では、死者4人を出す惨事となった。

それにしても、なぜB29が東北に翼を向けたのか。マリアナ諸島（サイパン、テニアン、グアム各島）から東京を経て東北までの往復を考えると、B29の航続距離（約5200キロ）ギリギリか超えてしまう。リスクを冒して東北に向かった理由は何か。

不忘山での墜落後、回収された機体の一部や戦利品などを集めた展示会が仙台の百貨店と山形の国民学校で開催されたという。加藤は山形の展示会を見た人から「東北地方の主要都市に赤丸印が付いた地図を見た。山形市にも赤丸印が付いており、恐怖に襲われた」

といった内容の証言を得る。墜落機は、地図に印をつけた都市に向かっていたのか。だが「GHQ（連合国軍総司令部）調査部による報告書」によると、3機とも攻撃目標は東京で、任務は爆撃と記載されているのみだという。加藤は自身の著書「東京大空襲の夜B29墜落の謎と東北空襲」（本の森社）で、「謎は解明できなかったが、補助タンクを付けて最初から、東北の都市の偵察に行ったのではないか」と推理する。そして加藤の興味は、この夜首都圏で墜落したB29搭乗員の追跡に向かう。

首都圏では5機

加藤によると、東京大空襲の夜、東京・城東区（現江東区）南砂や千葉県福田村（現野田市）、茨城県板橋村（現つくばみらい市）など首都圏一帯で5機のB29爆撃機が墜落した。計59人の搭乗員のうち6人が生き残り、「捕獲米兵」となったが、彼らは悲劇的な運命をたどる。

6人のうち、瀕死《ひんし》の2人の死亡経過は横浜BC級戦犯裁判の米軍関係史料で分かるという。板橋村で拘束された米少尉は重症のやけどで、東部憲兵隊司令部に移送された時、手の施しようがなかった。大空襲の混乱で受け入れ病院がなく、憲兵隊司令部少尉らが近くの防空壕《ごう》に連れ出し、刀で切り捨てたという。この憲兵少尉は、福田村で拘束された危篤の伍長《ごちょう》に対する毒殺にも関わり、死刑判決を受けた。

こうした行為について、加藤は「ある軍律が影響している」と言う。本土が初空襲された42年のドーリットル空襲後にできた空襲軍律である。無差別爆撃を行った者を捕虜扱いせず、銃殺刑に処す内容だ。これは、ドーリットル空襲での拘束米兵3人の処刑などが非難されたことへの対抗措置。日本は「無差別爆撃こそ非人道的行為」だと主張して、この軍律を作った。

千葉県神代村（現東庄町）に墜落したB29の車輪。バンザイして喜ぶ子供たち＝1944年12月（毎日新聞社提供）

「でも軍律策定後、約2年間空襲はなく、逆に東京大空襲後には墜落機が増えて処理できなくなった。軍律会議は有名無実となったが、現場では『いずれ死刑』と思っていたので、命令なき処刑が行われたのでしょう」

では生き残った他の捕獲米兵4人はどうなったのか。渋谷の東京陸軍刑務所に収容され、思いもしない悲劇に見舞われる。45年5月25日夜から26日未明にかけての米軍の山の手空襲である。同空襲では、東京大空襲の2倍近い焼夷弾《しょうい》が投下され、新宿や世田谷、中野などの住宅が焼失。同刑務所も猛火にのみ込まれた。

刑務所には、昭和天皇に戦争終結を促す「近衛上奏文」に関係して拘束された、後の首相、吉田茂ら約120人の政治犯らも収容されていたが無事だった。だが、東京大空襲で捕らえられた4人を含む62人の捕獲米兵は、収容棟が開錠されず全員が焼死するなどした。

静まり返った老人の一喝

東京大空襲の約4カ月前の44年11月、長崎県小長井町（現諫早市）の有明海にB29が墜落した。搭乗員の遺体引き上げを見た新宮美智子は、老人の勇気ある一言に救われた気がした。遺体は22、23歳の青年で真っ白な顔から鼻血を流していた。車に乗せる際、消防団員2人が上体を起こし、群衆に「どうだ」とばかりに見せた。その1人が米兵を蹴り上げ、もう1人も蹴ろうとした。

その時だった。老人の大きな声が聞こえた。「にっくき米兵でも死んだ人は仏様。大事に扱え」。あたりは水を打ったように静まり返った。

捕虜虐待など埋もれた歴史を掘り起こす民間の「POW研究会」の調べでは、B29だけでも計142機が日本に墜落した。容赦ない無差別爆撃への怒りの矛先は、墜落機の米兵に向かった。名古屋上空で日本の戦闘機に体当たりされ、パラシュートで脱出した米兵は――。

「落下する時、150人から200人の暴徒が追ってくるのがわかった。殺されると思った。民間人が竹ざおで私の頭の横を殴りつけ、兵士が着剣した銃で突進する。横に跳んで助かったが飛行服が破れた。銃の台尻や竹ざおで殴られ、群衆に石を投げつけられた」

これは、米国の歴史学者、トーマス・セイラーらが、同会主催のセミナーで紹介した、B29の元搭乗員、ビル・プライスから聞き取った話の概要である。

無差別攻撃に市民が抱く感情は、憎悪だろう。「でも……」と新宮は言う。「はじめはみんな『やったあ』と思ったのでしょうが、老人の忠告で我に返りました。(後に夫になる)いとこが予科練にいたんですが、敵国でこんな目にあったらと考えましたね。よくぞ注意してくれました。あの勇気に涙が出ます」

空襲

終戦告げた「竜の昇天」

大阪府　北村周三さん（83）
東京都　黒沢秀行さん（80）

「顔についたら（顔が）とろけるで」「それは毒や。捨てなさい」。ひげをはやした消防団員が叱りつける。1945（昭和20）年夏。子供たちが注意されたのは、銀色に光る見たこともないテープを手に取ったからだった。

兵庫・明石に住む12歳の北村周三は、低空のB29が焼夷《しょうい》弾を街に落とすのを見ながら、母や兄弟と避難した。「小さな川に着くと、空からキラキラしたものが降ってきて、足の踏み場がないほどになったんです」

幅2センチほどのテープ状で、表は銀色、裏は白っぽい色だった。手でちぎることができ、木片に巻いて遊んでいた。中年の男性が「電探（レーダー）妨害のためのもの」と教えてくれたので、母に内緒で持ち帰り納屋に隠した。

これは「電探欺瞞《ぎまん》紙」とみられ、空中にばらまいて電波を反射して、敵のレーダー探知を妨害する特殊な紙である。高射砲や迎撃をかく乱し、被害を最小限に食い止める目的で使用した。

毎日新聞は、東京大空襲直前の45年3月5日朝刊で「敵機が〝電探妨害〟」との記事を掲載した。43年11月の独ハンブルク空襲で米空軍が、アルミニウム片と雲母小片の光る物体を投下した事例を示し、仕組みを解説。「日本に対しても小規模に行われてきた」としたうえで、「効果は小さい」と酷評した。

ところが、日本軍もハンブルク空襲以降、電探妨害を研究する。しかも効果があると判断して、企業に発注する。東海金属（現東洋アルミニウム、大阪市）の50年史によると、同社が空中で長く浮遊するよう、すず箔《はく》に模造紙を裏張りする方式を開発。軍が5ミリ角の欺瞞紙をフィリピン・レイテ作戦で数十キロ投下したところ、敵の攻撃をかく乱する効果があったという。

電探欺瞞紙にまつわる不思議な体験を語るのは、台湾・新竹州の造橋に疎開していた黒沢秀行である。8月15日朝、近くの神社で朝のラジオ体操を終えて帰る時、空を舞う大量の欺瞞紙がキラキラ輝いていた。だが高度2百メートル付近で止まり、今度はゆっくりと上昇。「まるで竜のように頭と胴、しっぽがあり、蛇行しながら北西方向に昇っていったんです。蛇行した跡には青空が見え、やがて小さくなって薄雲の中に消えました」

中国では、竜の昇天は吉事が起こる前兆とされ、地元の人々は「国民政府が戦争に勝ったに違いない」と大喜びしたという。果たして正午からの重大放送は、日本の敗戦を伝えた。

この竜の昇天は、台北にいた父は見ていないが、同じ造橋にいた知人や私の母、祖母は見ている。終戦を望む多くの人の願い。その思いが、人々の心の中に伝説の生物を出現させたのかもしれない。そして数時間後、戦争は本当に終わった。

本土決戦

少年兵が見た極限の戦地

京都市 尾崎健一さん(88)

本土が大空襲にさらされた1945(昭和20)年、フィリピン・ルソン島では、兵士が山をさまよい、飢餓や病気と闘っていた。持久戦を掲げる日本軍と米軍の装備の違いは天と地ほど。補給もなく逃げ込んだ山では、日本兵同士の生きるか死ぬかのもう一つの争いがあった。

「敵は、米軍やゲリラだけじゃない。同じ日本兵でも信じられなかったですよ」。高知出身で16歳の少年通信兵、尾崎健一は、山中での潜伏生活をそう振り返る。

尾崎が91年に著した『フィリピン参戦記』によると、マニラの通信隊に配属されたが、45年1月に米軍が上陸。激しい攻撃で部隊は壊滅し、敗残兵として山に入る。食べ物は雑草中心。時折捕れる50センチ以上のトカゲや、ヘビ、カエルなど、何でも煮たり焼いたりして口に入れた。サワガニで数日間、腹をこわしたこともあった。

使えない靴を煮て、しゃぶる兵もいるほど誰もが空腹に苦しんだ。だから日本兵に会っても油断はできない。「食べ物の奪い合いや殺し合いがあったし、移動時には自分を守るため銃に弾を装塡《そうてん》していました」。極限状態が、譲り合う日本人の美徳やわずかな人間性をも奪い去る。そこにあるのは、ゆがんだ現実だけである。

「死んだ兵士の肉を食べる日本兵を見たし、太ももやほおがえぐられた新しい死体もあった。乾燥肉を持つ見知らぬ兵士が『調味料と交換してくれ』と言ってきたこともありますが断りました。明らかに人肉だからです」

そんな尾崎が死にかけたのは、敵の攻撃や病気など10回以上に及ぶ。30人ほどで共同生活をした時には、迫撃砲の攻撃を受け、生き残ったのが2人だけという恐怖の夜を経験した。「もう一人は40歳ぐらいの召集兵。足をやられて動けないので、隠していたわずかな米を炊いてやり、彼を置いてそこを離れました。餓死したか自決したか。今思えば見殺しです」と悔やむ。

ルソン島では、約19万人の米軍に対し、約29万人の日本軍が迎え撃った。艦砲射撃や空爆、最新型戦車など圧倒的な武力の米軍に対し、日本軍は斬りこみ作戦などで抵抗するしかなく、敗走を繰り返した。ルソン島を含むフィリピン全土で、日本軍約52万人が戦病死し、100万人以上のフィリピン人も犠牲になった。

地獄の戦場で見た極限状態の人間。尾崎は、ありのまま伝えることが、無残な姿で異国の土となった戦友への供養であり、生き残った者の責務だと考えている。

本土決戦

家族に守られた4歳の沖縄戦

千葉県 田場典伸さん(75)

道端の戦車、積み上げられた白骨、散乱する薬きょう……。少し離れた青い海には貨物船が傾いたまま放置されている。沖縄戦で荒れ野原となった南風原《はえばる》町大名。そこは守備軍司令部が置かれた首里城に近く、1950(昭和25)年の朝鮮戦争勃発まで、戦争の爪痕が色濃く残されていた。そこで育った田場典伸《てんしん》は、沖縄戦の時、命の危機でほとんど記憶がない。

硫黄島守備隊が全滅した直後の45年4月、米軍は沖縄・嘉手納《かでな》に上陸し、進攻作戦を始めた。投入した艦船は約1500隻、上陸部隊は18万人に上る。日本軍は「皇土防衛」のため沖縄や硫黄島など前縁地域に米軍が上陸した場合、「極力敵の出血消耗を図る」ことを目的に、本土決戦を一日でも遅らせる作戦を立案する。フィリピン・ルソン島と同じ持久戦であり、事実上、沖縄を放棄する捨て石作戦でもあった。

できるだけ米軍への反撃を抑え、首里城に引きつけた後、攻勢に出る戦術だったが、日本軍の消耗は想定以上だった。5月末、司令部は首里城を撤退し、典仲の家族も「ひめゆり学徒隊」と同じようなルートで南へ向かった。

「私は4歳で、栄養失調のため、骨と皮だけの状態。きょうだい4人の末っ子で、母とは死別し、父は南方の戦地にいたので祖父母に育てられていました。南端の摩文仁《まぶに》まで家族6人で逃げましたが、13歳の長姉にずっと背負われていたそうです。記憶にはありません」

家族は、昼間ガマ（自然洞窟）に身をひそめ、歩くのは目立ちにくい夜。それでも「鉄の暴風」と言われるほどの猛攻である。爆弾が飛びかい、何度も危険な目に遭った。ガマの入り口で、近くにいた人が爆死することもあった。移動時には、銃撃で家族が全滅しないよう、祖父を先頭に一列に並んで歩いた。死体を踏むこともあった。3歳上の兄は両足がはれて、下の姉に手を引いてもらい、歩き通したという。

長姉がよく典仲に戦争の話をしたのは、朝鮮戦争のころだった。荒れ果てた大名では、当時不発弾から火薬を抜き取る人が横行し、爆死者が出て山火事も起きた。戦争の恐怖を初めて感じた。それまで記憶になかった沖縄戦だが、何度も姉に話を聞き、米軍の猛烈な攻撃の中、家族が死のふちを懸命に生き抜いたイメージが浮かび上がってきた。
「戦火の中、死ぬかもしれない私を家族が守ってくれた。『命《ぬち》どぅ宝』です」
（田場典伸さんは２０２２年12月に永眠されました）

本土決戦

負い目で志願した人間機雷「伏龍」

大阪市　青木茂さん

なりふり構わず少年や40歳を超えた兵をかき集め、本土決戦に望みを託す日本。海軍が決戦用に考えた特攻兵器の一つが、「伏龍《ふくりゅう》」という人間機雷だった。

潜水服の兵士が海底で待ち伏せし、竹の棒に取り付けた機雷で、敵の上陸用舟艇を突いて自爆する。広島・呉海兵団の教官だった青木茂（２０１６年6月に94歳で死去）は、教え子の初任下士官約20人たちと伏龍作戦に志願。１９４５（昭和20）年夏、横須賀の海軍の学校で訓練を受けた。

潜水服や潜水かぶと、空気タンクなど70キロ近い装具をつけた水中での歩行や、長時間潜水のための空気清浄装置の使い方などの訓練の後、横須賀・久里浜で海中の訓練があった。

青木は、戦艦「伊勢」で真珠湾攻撃の後方部隊として出撃したが、その後、胸膜炎を患い、1年以上も療養生活を送った負い目があった。「死んだ仲間に申し訳ないし、お国のために役に立たなければ、という焦りがありました」

だが、この兵器は欠陥だらけで訓練中に数十人の死者を出す。最大の欠点は、水酸化ナトリウムの空気清浄装置だった。吐き出した息を管で装置に送り、二酸化炭素の濃度を下げて再びかぶとに戻す仕組みだが、装置の破損による事故が後を絶たなかった。

岩などで装置が壊れると水酸化ナトリウムと海水が反応し、沸騰した液体がかぶとに逆流して食道や肺を焼く。また、呼吸法を間違えると一酸化炭素中毒の危険もあった。動きづらく、いざという時にすぐ反応できない点も実戦向きではなかった。終戦直前、視察した鈴木貫太郎首相が「不適」と評価するお粗末さだった。

青木はその時、24歳。横須賀での訓練に向かう前、両親宛ての遺書をしたためる。「特攻員として魁《さきがけ》て散りなば父上も母さんも共に笑ってお許し下さるだろう（何卒《なにとぞ》おゆる志下さい）……命を奉じて死す　死すとも尚《なお》生けるが如《ごと》し」と結んだが、死への迷いもあった。

「不図《ふと》暗い死の影が脳裏をかすめ一抹の淡い寂寥《せきりょう》感に襲われしも　時到《いた》らば応じ得る決心と覚悟……」

飛行機不足で余剰となった10代の飛行予科練習生や横須賀や呉などの下士官兵で組織した伏龍隊。その数約３０００人。呉に戻って待機した青木らに出撃命令はなく、伏龍特攻隊は一度も使われることなく終戦を迎えた。玉音放送に号泣した青木が、広島で起きた悲劇を詳しく知るのは戦後になってからだった。

敗戦

原爆に奪われた母と2人の弟

茨城県　榎本稔さん（81）

人間機雷「伏龍《ふくりゅう》」の一員として、広島・呉に戻り、訓練していた青木茂は、顔のそばでマッチをつけたような熱風を感じ、爆発音を聞いた。1945（昭和20）年8月6日、朝礼での一瞬の出来事である。

「広島の弾薬庫にでも火がついたんやろか」。隊員たちは、えたいの知れない爆発音についてささやきあった。でも特攻を前に、みずからの命に向き合うのに精いっぱい。30キロ先の広島市に人類初の原子爆弾が投下され、多くの人々が命を落としたことを、しばらくは知らなかった。

広島市の北約35キロ。八重町（現北広島町）の寺に集団疎開していた広島市立幟町《のぼりちょう》国民学校5年、榎本稔は、運動場で剣道の稽古《けいこ》をしていた。「えい、やあっ」。大きな掛け声がやむほどの強い光が青空を切り裂いた。そして「ブアーン」という大きな音がして、黒っぽいキノコ雲が見えた。

「ありゃ、なんじゃ」。雲はだんだん大きくなり、白くなった。家族が暮らす広島の方を心配そうに見つめる子供たち。「でかい爆弾が落ちたんじゃ」。そんなことを口にしたが、すぐ寺に帰され、その日から外出禁止になる。

終戦になってもしばらく寺で過ごし、何も知らないまま、府中まで歩いて解散した。稔は叔母の家族に1、2カ月ほど世話になる。「着いたその日に『母が死んだ』と聞かされました。疎開先の寺で覚えたお経を意味も分からず唱えました」。叔母の話では、母は5歳の彌《わたる》、2歳の敬《たかし》と実家の広島市紙屋町で被爆した。爆心地から数百メートル。母と彌は助け出されたが数日後に死亡し、敬は見つからなかったという。

広島上空に上がった原爆雲
（毎日新聞社提供）

親戚宅を転々とした稔は、46年末、外地から戻った父と東京で暮らし始めた。結局広島の自宅には戻らなかった。疎開で被爆を免れた妹も合流した。3人の生活は正直苦しかった。

「私の一生は原爆で分断されてしまった。米国では原爆が戦争を早く終わらせたと言われるが、軍と関係ない人間を何人殺したのか。広島を訪れたオバマ大統領は評価するが、二度と核兵器を使わないと明言してほしかった」

疎開前、幟町国民学校の校門で写した家族の写真がある。45年春、原爆投下の数カ月前に撮影したもので最後の家族写真になった。真ん中に写る着物姿の母と幼い2人の弟。キノコ雲の下で、言い知れぬ恐怖と苦しみを味わったかと思うと今も胸が締め付けられる。

（榎本稔さんは2021年4月に永眠されました）

敗戦

生還した特攻隊員の苦悩

静岡市　平山その子さん（83）

出撃予定は、1945（昭和20）年8月21日だった。3カ月前の出撃は、直前に感染症で離脱。その時戦死した特攻隊員たちに申し訳なく「今度こそ」と誓っていた。だが、広島と長崎に投下された原爆で、もはや日本の敗戦は誰が見ても明らか。徳島白菊特攻隊の平山利一（2015年11月に88歳で死去）は、2回出撃しなかった後ろめたさを抱えて終戦を迎えた。

5月に沖縄への特攻を命じられ、鹿児島・串良基地に移動。遺言や遺髪も用意した。ところが、右手の親指がひょうそと診断され、別の隊員に急きょ交代したという。その特攻で、予科練の同期生が敵艦に突っ込み戦死する。

平山は、その同期生の五十回忌法要の追悼文を死ぬまで大切にしていた。それには「エンジンの調子が悪いため、別の隊員が乗る機体と交換してもらい、いくつかの島を経由して沖縄・中城《なかぐすく》湾に到達した。本来乗るはずだった飛行機は、出発直後に不時着して隊員は生還した」と記す。助かった隊員は「今も頭を丸めたまま、毎年命日には巡礼の旅をする」という。

平山の負い目も生涯消えなかった。妻その子は言う。「口には出しませんでしたが、2回も命拾いした後ろめたさがあったようです。慰霊に行った時は『戦友を忘れることはない。行ってよかった』と喜んでいました」。平山は、晩年アイバンクに登録する。その子は、命拾いした負い目が理由の一つになったと思う。

航空機の特攻は、44年のレイテ沖海戦での神風《しんぷう》特攻隊が初めてで、陸海軍あわせて約4000人が命を落とした。志願が前提だが、特攻など考えもしなかった平山のように、上官命令や時代の空気が背中を押した。そして後に残ったのは偶然生き延びた隊員たちの苦悩である。苦悩の大きさは、死を前提にした愚かな作戦の罪の大きさでもある。

敗戦

戦闘機製造も疎開

岩手県 宮澤源吉さん

特攻に頼る日本は、練習機も投入するほど飛行機が足りない状態だった。工場への空爆が生産体制を破壊し、迎撃機不足の悪循環に陥ったのである。1945（昭和20）年の空襲激化とともに、飛行機の生産は地方に疎開する。

岩手県花巻市太田。奥羽の山並みを望む集落には、民家に沿って防風林が連なる。終戦直前の8月10日、18歳の宮澤源吉（2015年1月に88歳で死去）は、樹木に囲まれた小屋のような疎開工場で、来るはずもない仕事を待っていた。
〈6時起床、二十数人が点呼を受け、乏しい食事の後、職場へ急ぐ。建物のど真ん中に未完成の小型戦闘機が居座っている。飛び立って車輪を落とし、ただ敵艦に突っ込む特攻機だ。誰もが黙して語らず。幸いだが部品の供給が途絶し、毎日が手ぶらの状態。名称は『剣』……〉

これは、源吉ががんで亡くなる3カ月前に残した回想である。「零戦」のエンジンや「隼」を開発した中島飛行機の組み立て疎開工場とみられ、既に生産不能状態だったことがうかがえる。源吉は、宮沢賢治の親戚で、祖母が賢治の乳母。花巻出身だが、１９４１年に上京して中島飛行機の関係工場で働く。45年4月の航空機産業国営化、工場の疎開命令で再び花巻に戻ることになった。

同社の元技師、青木邦弘の『中島戦闘機設計者の回想』（光人社NF文庫）によると、東京の三鷹研究所では、飛行機不足に対応するため、短期間で戦力化できる小型戦闘機の開発に着手し、45年2月末ごろ「剣」の1号機を試作した。開発期間はわずか3、4カ月。短縮できたのは、軍需省に眠る４００台の旧式エンジンを利用したほか、離陸後に車輪を投下する方式を採用するなど装備を単純化したからだという。

車輪を投下するため特攻用と思われたが、あくまで上陸用舟艇の爆撃機で、帰着時には胴体着陸を想定。特攻機ではないと強調する。研究所と関係工場は、4月に岩手・黒沢尻（現北上市）を中心に、約10カ所に疎開したという。

約20年前、証言を集めた花巻市の元高校教師、加藤昭雄は「周辺に未完成の地下工場もあった。太田で完成した『剣』は2機で、夜が明けぬうち約10キロ南の後藤野飛行場へ牛に引かせて運んだと聞きました。3機目は、終戦翌日に運ぶ予定だったそうです」と解説する。

源吉が回想した8月10日は、花巻空襲で実家が焼失した日。〈みじめで悪夢の日〉と記す。敗戦のカウントダウンが始まった。

敗戦

800発の艦砲射撃に耐え、玉音放送

福島県 手島セツさん(93)

「大事な放送があるから、ラジオを聴いてください」。警察官が泣きながら自転車で触れ

天皇陛下の終戦の放送を聞く人たち
（毎日新聞社提供）

回った。茨城県日立市から、約40キロ内陸の親戚宅に疎開した手島セツは「なんだろう」と思い、ラジオに耳を傾けた。1945（昭和20）年8月15日正午、ラジオから流れたのは無条件降伏を伝える昭和天皇の玉音放送である。

「声を聞くのは初めてだし、恐れ多いと思いました。戦争に負けたことだけは分かったので、ほっとしました」。胸をなでおろした裏には、死を意識した1カ月前の艦砲射撃がある。

雨の夜だった。800発以上の砲弾が日立の工場群に向けられた。「ドーンと大きな音が聞こえて、しばらくすると『ヒュー』と空気を切り裂く音、そして『バーン』と大きな爆発音がして地響きを感じた。防空壕《ごう》に逃げる時、正面から火の玉の砲弾が飛んできて、爆発音を聞いて初めて『生きてる』って思いました」。家に戻ると、長さ20センチぐらいの砲弾の破片が雨戸と廊下を突き破り、土にめり込んでいた。

2日後、日立空襲があり街は壊滅する。家も焼けたが、その前日に疎開して助かった。あと1日遅れていれば、命を落としたかもしれない。「戦争が終わって良かったけど、この先どうすればいいのか不安でした」と振り返る。

北海道の牧師、岸本貞治（故人）は、敗戦の戸惑いを率直に日記にしたためた。「消防署の署長さん以下十数名も私の家のラジオの前に立ち、謹みて玉音を拝す。『休戦の詔勅』なり。一同涙を以てきき入る。ボウ然となり、何をしていいのかわからず。組長は隣組の人を集めて『余りしゃべらぬこと、疎開は中止、報国隊はやめること等』を達す」

無条件降伏を受け入れるまで、本土決戦にこだわる陸相らと、ポツダム宣言受諾やむなしとする外相らの議論は平行線をたどった。『昭和天皇実録』によると、8月10日午前0時3分からの最高戦争指導会議でも折り合わず、同2時すぎ、天皇が受け入れる決断を下し、敗戦が確定した。計画と実行の不一致と勝利の見込みがないことを主な理由にあげたという。

満州の父母と離れ、2年前に福岡の父の実家に戻った当時4歳の熊谷紀代はその日、祖母から「もうB29もこんし、もうすぐお父ちゃまが帰ってきなさるよ」と聞き、うれしかったことを覚えている。だが父の消息を知るのは、それから7年もたってからだった。

敗戦

終戦後満州で処刑された父

福岡県　熊谷紀代さん（75）

福岡県の熊谷紀代は、1952（昭和27）年春、6年生になった。玉音放送の日に祖母から「お父さんはすぐ帰ってくる」と聞いてから6年半。父の消息はまったく分からなかったが、その年の秋、家を訪ねてきた男性が、こんなふうに伝えた。

「満州の通化で副県長に命を助けられた者です。渾江《こんこう》の河原で八路軍（中国共産党軍）の人民裁判を受けた時、副県長は『ここにいる日本人を一日も早く帰還させてください』と深々と頭を下げ、立派な態度で銃殺されました」

副県長とは、父樋口武俊のことで、満州・桓仁県で県政を取り仕切っていた。53年8月に戦死公報が届き、3年後に葬儀を営む。祭壇には「昭和二十一年二月三日　通化事件にて犠牲死　享年四十一歳」と書いてあった。葬儀でも泣かなかった紀代は、その夜、初めて涙があふれた。「終戦から半年もたってなぜ死ななければならなかったの？」。父の写真に問いかけた。

通化事件で殺された多くの日本人が流された渾江のほとりで慰霊する熊谷さん（熊谷紀代さん提供）

通化事件は、46年2月3日、通化市の日本人らが蔣介石の国民政府軍の工作により蜂起し、八路軍の施設を襲撃しようとして鎮圧された事件。数千人が処刑されたとされ、樋口ら約140人の高級官吏は、襲撃対象となる八路軍の施設に拘束されていた。

日本の敗戦後、満州各地では国民政府軍と八路軍が争い、ソ連も絡んで無政府状態に陥る。多くの日本人や日本兵が集まった通化でも、略奪や強《ごう》姦《かん》、虐殺など悲劇的な事件が頻発し、大勢の兵たちがシベリアに送られたとされる。

43年春に帰国した紀代と兄は、満州の混乱に巻き込まれることはなかったが、父母と一緒に満州に残った妹靖子の行方は今も分からない。紀代たちが帰国した直後母が病死し、靖子は「山口」という父の部下の養女になったという。

紀代は「靖子を抱く女性の写真があり、裏には父の字で『命の恩人山口昭子様、谷口カツノ様』と書いてあります。でも手がかりはありません」と話し、「残留孤児になったかもしれないけど、生きていてほしい」と言葉を継いだ。

通化事件後、渾江には凍った遺体が山のように積み上げられ、バラバラにされた後、川に流されたという。それが国策によって満州に渡った人々の行き着く先だった。18年前、渾江を訪ねた紀代は静かな流れに語りかけた。「お父さん」。一度は呼んでみたかった、その言葉を口にして涙が止まらなくなった。

◆主な参考文献◆

【全　般】

半藤一利『昭和史　1926－1945』（平凡社）2009年6月
保阪正康『太平洋戦争を考えるヒント』（PHP研究所）2014年7月

【2・26事件】

哈爾浜学院史編集室『哈爾浜学院史』1987年6月
哈爾浜学院二十五期「われら嵐の時代を生きて　哈爾浜学院25期生の記録」1997年4月
ハルビン第4号　1971年11月20日
内村剛介『独白の交錯　対話集』（冬樹社）1971年
吉兼三郎「一ハルビン学院生の手記」平和祈念展示資料館・海外引揚者が語り継ぐ労苦（引揚編）第8巻
筒井清忠『二・二六事件と青年将校』（吉川弘文館）2014年8月
川田稔『昭和陸軍全史2日中戦争』（講談社）2014年11月
季刊　国際貿易と投資　2006年春No.63「少年が見た2・26事件」杉山和男
季刊　国際貿易と投資　2006年秋No.65「再び2・26事件について」杉山和男
昭和天皇実録第7「昭和11年2月」（宮内庁）2015年
東潮社現代史料室『二・二六事件判決原本』1964年

【日中戦争】

内田房芳「我人生史」2014年
山口県原爆被爆者福祉会館「ゆだ苑」編「語り　山口のヒロシマⅥ」1986年8月6日

竹山醸「父の野戦日記」2015年5月20日
合原締吉『南シナからビルマまで』（葦書房）1998年6月
中山隆志「満ソ（蒙）国境紛争」（偕行第12回近現代史研究会報告・平成20年3月号）

【戦時下の教育】
池田清編、太平洋戦争研究会著『図説太平洋戦争』（河出書房新社）2005年4月20日
川田稔『昭和陸軍全史1　満州事変』（講談社）2014年7月18日
雑誌『児童』（向学館発行）1943年3月1日
東京日日新聞1937年9月10日夕刊「配属将校　召募」
文部科学省ホームページ　学制百年史編集委員会「国民学校令の公布」
安藤忠「国民教育と軍隊―陸軍現役将校学校配属令について」（教育学雑誌17巻）1983年11月
伊藤和夫「教え育てて六十余年　伊藤忠一遺稿集」1980年6月10日

【真珠湾攻撃】
瀧本邦慶「それでも君は銃をとるか～2006年　若者に告ぐ　私の戦争体験と主張」
防衛庁防衛研修所戦史室『戦史叢書　ハワイ作戦』（朝雲新聞社）1967年
「上野克男五十五年の生涯」2007年9月22日
淵田美津雄著、中田整一編・解説『真珠湾攻撃総隊長の回想　淵田美津雄自叙伝』（講談社）2007年11月30日

【本土初空襲】
柴田武彦、原勝洋『ドーリットル空襲秘録日米全調査』（アリアドネ　三修社）2003年11月
陸軍省兵務局防衛課・兵器行政本部「ドーリットル空襲被害情報および地上航空懇談事項　極秘　防情第二十号」（国立公文書

館アジア歴史資料センター所蔵）
毎日新聞1985年10月23日夕刊「将軍の遺言　遠藤三郎日記」88回
写真週報第218号「敵の空襲企図全く失敗に帰す」（情報局編集）1942年4月25日
横警隊機密第四十号の七「横須賀海軍警備隊戦時日誌」（横須賀海軍警備隊）昭和17年4月1日〜4月30日
Donald M. Goldstein、Carol Aiko Deshazer Dixon『Return of the raider』2010年7月
東京空襲を記録する会『東京大空襲・戦災史第2巻西川千秋　葛飾　児童一人、銃撃死』（講談社）1975年3月

【総力戦と資源】

大阪毎日新聞1941年11月12日朝刊兵庫版「尊い汗と脂の経験」
荒川憲一「海上輸送力の戦い―日本の通商破壊戦を中心に」（防衛研究所紀要第3巻第3号）2001年2月
山縣記念財団ホームページ「太平洋戦争と日本商船隊壊滅への経緯」2009年8月
大井田孝「戦中・戦後における喪失商船」（山縣記念財団　海事交通研究　第56集）2007年
神戸水上経済保安協会『企業整備令提要』（1942年5月）
浦野正樹＋「産業と地域」研究会編「転換期における地域社会と生活の変容PART〈3〉―鐘ヶ淵、大森西、地蔵通り商店街周辺地区を事例として（2001年3月31日）

【ほころび】

松浪清『命令一下、出で発つは―在ラバウル、五八二空の死闘』（光人社）1995年9月
雨倉孝之「海軍甲事件　長官機撃墜は待ち伏せか、疑った『暗号解読』」（歴史読本　2015年夏号　KADOKAWA）2015年7月
伊藤整『太平洋戦争日記』1（新潮社）1983年8月
太平洋戦争研究会、森山康平『図説秘話で読む太平洋戦争2』（河出書房新社）2001年9月

松川克彦「日米戦争勃発と山本五十六に関する一考察」（京都産業大学論集、社会科学系列）２０１４年3月
昭和天皇実録第９「昭和18年４月」（宮内庁）２０１５年
防衛庁防衛研修所戦史室『戦史叢書　大本営海軍部・連合艦隊〈４〉第三弾作戦前期』（朝雲新聞社）１９７０年
毎日新聞１９４５年９月14日朝刊「わが無電傍受　待ち受けて撃墜」
永井壮吉（荷風）『断腸亭日乗』五（岩波書店）１９８１年1月
毎日新聞１９４３年５月31日朝刊「二万の敵大軍に突入　大打撃与へ全員玉砕」

【インドの志士】

堀江洋文「スバス・チャンドラー・ボースの再評価」（専修大学人文科学研究所月報　東部・北部インド総合研究特集号）２０１５年５月
米田文孝、秋山暁勲「伊号第29潜水艦とスバス・チャンドラ・ボース」（関西大学博物館紀要巻　８）２００２年3月31日
浦橋七郎著、倉本美代子編「不朽艦の航跡：伊号第29潜水艦乗員日誌他」２０１５年6月
毎日新聞１９４３年10月22日朝刊「仮政府樹立までの経過」、１９４５年８月24日朝刊「印度仮政府首班ボース氏逝去」など
共同通信２００５年８月22日（毎日新聞朝刊）「英国　チャンドラ・ボースの暗殺計画」
外交資料「GHQ横浜からの照会に対する日本政府の中間報告」（C.I.O. - M. No12）
新人物往来社戦史室『日本軍航空機総覧』（新人物往来社）１９９４年11月
航空情報編集部『航空情報別冊　太平洋戦争日本陸軍機』（酣燈社）１９７４年４月
スバス・チャンドラ・ボース・アカデミー『ネタジと日本人　スバス・チャンドラ・ボース・アカデミーの記録』１９９５年８月

【絶対国防圏】

昭和天皇実録第９「昭和18年９月」（宮内庁）２０１５年
チェスター・ニミッツ、E・B・ポッター『ニミッツの太平洋海戦史』（恒文社）１９６２年

フィリップス・オブライエン「ミッドウェー海戦後の連合国側の戦略」（２００９年 防衛省防衛研究所の戦争史研究国際フォーラム発表）

【背　水】
熊本大学五高記念館叢書第1集「第五高等学校の学徒出陣」２０１２年3月31日
毎日新聞２００７年11月20日「おかあさん 母を語る 元陸軍少尉小野田寛郎さん」第1回
防衛庁防衛研修所戦史室『戦史叢書 中部太平洋陸軍作戦第１（マリアナ玉砕まで）』（朝雲新聞社）１９６７年7月
国史大辞典編集委員会『国史大辞典』第8巻（吉川弘文館）１９８７年10月
太平洋戦争研究会、森山康平『図説玉砕の戦場 太平洋戦争の戦場』（河出書房新社）２００４年4月
ピーター・ヤング『第2次大戦辞典2 兵器・人名』（原書房）１９８５年7月
防衛庁防衛研修所戦史室『戦史叢書 捷号陸軍作戦 １（レイテ決戦）』（朝雲新聞社）１９７０年
戦没船を記録する会会報第47号「大多数が玉砕した多号作戦」２００７年10月5日

【空　襲】
中央防災会議・災害教訓の継承に関する専門調査会報告書「１９４４東南海地震 １９４５三河地震」２００７年3月
宮部みゆき『小暮写眞館』（講談社）２０１０年5月
「東京大空襲・戦災誌」編集委員会編、東京空襲を記録する会「東京大空襲・戦災誌」第1 巻、第3巻 １９７３年
加藤昭雄『東京大空襲の夜 B29墜落の謎と東北空襲』（本の森社）２００８年3月
毎日新聞１９４５（昭和20）年3月14日朝刊「B29 二機蔵王へ激突」
福林徹 B29国際研究セミナー「日本本土空襲の墜落連合軍機と捕虜飛行士」２００７年5月20日
トーマス・セイラー、グレゴリー・ハドリー B29国際研究セミナー「上空からの恐怖 Bｰ29搭乗員からみた戦争と捕虜についての大局観」２００７年5月20日

毎日新聞朝刊1945年3月5日「敵機が〝電探妨害〟」
総務省ホームページ・一般戦災死没者の追悼「明石市における戦災の状況」
東海金属「東海金属五十年史」1961年

【本土決戦】
尾崎健一「フィリピン参戦記」1991年
内閣府沖縄振興局「沖縄戦の概要」
毎日新聞2014年8月14日神奈川面「戦後70年を前に　1都3県・痕跡を訪ねて」

【敗　戦】
毎日新聞2015年9月26日夕刊「武器に勝る一服の茶　茶道家・千玄室さん」
加藤昭雄『後藤野　最北の特攻出撃基地』1995年3月
青木邦弘『中島戦闘機設計者の回想』（光人社NF文庫）2005年6月
熊谷紀代『帰ってきて欲しかった父　満州・通化事件を追って』（櫂歌書房）2014年10月
毎日新聞1952年12月4日夕刊「邦人二千名虐殺の全貌」

【日　記】
岸本貞治
巻野秀蔵

日中戦争　太平洋戦争の関係年表

西暦	和暦	月日	できごと	本書の関係章
1929年	昭和4年	10月	世界恐慌の発端となるウォール街の株価大暴落	
1930年	昭和5年	4月22日	米英仏伊日でロンドン海軍軍縮条約　日本の大型保有艦は米の6割	
1931年	昭和6年	9月18日	柳条湖事件（満州事変）	2・26事件（P157）
1932年	昭和7年	3月1日	満州国建国宣言	日中戦争（P172）
		3月	リットン調査団派遣	
		5月15日	5・15事件　犬養毅首相暗殺　政党内閣の終焉	2・26事件（P159）
1933年	昭和8年	3月27日	国際連盟脱退	2・26事件（P157）
1935年	昭和10年	―	天皇皇后の御真影と教育勅語を収める奉安殿建設盛んになる	戦時下の教育（P174）
1936年	昭和11年	1月15日	日本がロンドン軍縮会議脱退	
		2月26日	2・26事件　陸軍皇道派の青年将校らが、天皇親政を求めたクーデター未遂事件　高橋是清蔵相や斎藤実内大臣、渡辺錠太郎教育総監ら要人が殺害され、首都中枢が4日間にわたって占拠された	2・26事件（P154）
		5月18日	軍部大臣現役武官制復活	日中戦争（P165）
1937年	昭和12年	7月7日	盧溝橋事件　日中戦争に	日中戦争（P165）
		12月13日	日本軍が南京占領　蒋介石政権は武漢に遷都	
1938年	昭和13年	4月1日	国家総動員法公布　配給制	
		5月19日	日本軍が徐州占領	日中戦争（P167）
		9月30日	ＡＢＣＤ包囲網　国際連盟加盟国が対日経済制裁開始	
		10月21日	日本軍が広東占領	
1939年	昭和14年	2月10日	日本軍が海南島占領	
		5月11日	ノモンハン事件　日ソ間紛争	日中戦争（P171）
		7月8日	国家総動員法に基づく国民徴用令公布	
		9月1日	第2次世界大戦勃発	戦時下の教育（P174）

日中戦争　太平洋戦争の関係年表

年	元号	月日	出来事	参照
1940年	昭和15年	8月1日	「ぜいたくは敵だ」国民精神総動員運動のスローガン	
		9月27日	日独伊三国軍事同盟	戦時下の教育（P177）
		10月12日	大政翼賛会発足	
		11月10日	紀元2600年記念式典	
1941年	昭和16年	3月1日	国民学校令公布　4月1日に改組	戦時下の教育（P175）
		4月13日	日ソ中立条約調印	戦時下の教育（P177）
		7月26日	日英通商航海条約破棄	
			米国が在米日本資産を凍結	戦時下の教育（P177）
		8月1日	米国が対日石油禁輸措置	戦時下の教育（P177）
		9月1日	金属類回収令施行	総力戦と資源（P203）
		12月1日	国民勤労報国協力令施行	総力戦と資源（P195）
		12月8日	真珠湾攻撃　マレー作戦　対米英宣戦布告	真珠湾攻撃（P178）
		12月16日	戦艦大和竣工	真珠湾攻撃（P186）
		12月	グアム島、タラワ、マキン島占領　フィリピン・ルソン島北部上陸　ペナン島占領　ウェーク島占領　香港島制圧	
1942年	昭和17年	1月	マニラ、クアラルンプール占領　ラバウル占領　ビルマ侵攻開始	真珠湾攻撃（P186）
		2月2日	大日本婦人会発足	
		2月15日	シンガポール陥落	真珠湾攻撃（P186）
		3月	ジャワ島バタビア占領　東部ニューギニア島占領　ビルマ・ラングーン占領	
		4月18日	ドーリットル隊空襲	本土初空襲（P187）
		5月	ビルマ・マンダレー、ツラギ島占領、ビルマ制圧完了　ミンダナオ島占領	
		6月5日	ミッドウェー海戦で空母4艦と艦載機390機を失う	総力戦と資源（P201）
		7月	日本軍フィリピン全土占領	
		8月7日	米軍がソロモン諸島・ガダルカナル島などに上陸　ガダルカナル島の戦い　連合国の反転攻勢	

年	元号	月日	出来事	関連項目
1943年	昭和18年	4月18日	山本五十六連合艦隊司令長官の搭乗機がブーゲンビル島上空で攻撃され戦死	ほころび（P208）
		5月29日	アッツ島の戦いで日本軍全滅　アッツ島玉砕	ほころび（P213）
		7月29日	日本軍キスカ島から撤退	
		9月8日	イタリアが降伏	
		9月30日	御前会議で絶対国防圏を決定	絶対国防圏（P223）
		10月21日	東京・明治神宮外苑で出陣学徒壮行式	背水（P227）
		10月21日	スバス・チャンドラー・ボースがシンガポールで自由インド仮政府樹立を宣言	インドの志士（P220）
		11月20日	米軍がマキン島とタラワ島に上陸　日本軍玉砕	
1944年	昭和19年	3月8日	日本軍インパール作戦開始	インドの志士（P220）
		6月15日	米軍がサイパン上陸　7月7日日本軍玉砕、在住日本人1万人死亡	背水（P230）
		6月16日	米軍が八幡空襲　中国大陸から初空襲。	
		6月19日	マリアナ沖海戦　日本軍は空母3隻と搭載機４００機を失い、西太平洋の制海権と制空権を喪失	
		7月3日	日本軍がインパール作戦を中止	
		8月2日	テニアン島の日本軍玉砕	背水（P229）
		8月11日	グアム島の日本軍玉砕	
		8月23日	女子挺身勤労令施行	総力戦と資源（P196）
		10月20日	米軍、フィリピン・レイテ島に上陸　23日にレイテ沖海戦　神風特別攻撃隊出撃（21日に初出撃、25日に初戦果）24日には戦艦武蔵沈没	敗戦（P258）
1945年	昭和20年	2月4～11日	英米ソ首脳によるヤルタ会談	
		3月10日	東京大空襲　12日名古屋大空襲　13日大阪大空襲　17日神戸空襲　これ以降各地に空襲	空襲（P234）
		4月7日	戦艦大和沈没	
		5月7日	ドイツ大統領カール・デーニッツ無条件降伏、	

1945年	昭和20年		
	6月23日	沖縄戦終結	本土決戦（P249）
	7月26日	ドイツ・ポツダムで英米支首脳によるポツダム宣言（のちにソ連も参加）	
	8月6日	米軍、広島に史上初の原子爆弾を投下	敗戦（P254）
	8月8日	ソ連が日ソ中立条約を破棄し、対日宣戦布告	
	8月9日	米軍、長崎に原爆投下 ソ連軍が満州国に侵攻	
	8月14日	御前会議でポツダム宣言の受諾（降伏）決定	2・26事件（P150）
	8月15日	玉音放送（大東亜戦争終結ノ詔書）日本の降伏　日本の犠牲者は約310万人	敗戦（P260）
	8月30日	連合国軍最高司令官マッカーサーが厚木飛行場に到着	
	9月2日	米戦艦ミズーリ号において日本の降伏文書調印	

おわりに

非常に暑かった昨年7月の日曜日、戦争体験を聴く集いが東京・浅草で開かれた。「複数の人が参加する形式の集会は今回が最後になるかもしれない」。開催を伝える新聞の記事は、聞き取り調査をしている市民団体の話としてこう伝えていた。ここで聴いておかないと一生後悔するかもしれない、そんな思いが募った。

その日は、旧陸軍に所属し、中国との戦闘に参加し、内モンゴルに抑留経験があるという90代の男性が体験を語るコーナーに腰を下ろした。話はゆっくりと進んだ。ところが、これから本題という序盤で、言葉が止まった。司会役の女性が記憶を呼び起こしてもらうように、具体的な出来事に触れながら声をかけるが、話は進まなかった。「今日はもう無理です、すいません」とうなだれた。

「いい話をしてもらおうと思って、私がせかしてしまったから……」。女性はこう詫びた。猛暑の影響もあったのかもしれない。しかし、それ以上に、語りたいという思いがあるのに思いだけではままならなくなる、老いの影響を感じた。

老いは誰にでも訪れる。戦争体験者も同じである。今日話せたことが、明日は伝えられなくなる。やがて戦争の記憶は像がぼやけ、あいまいの大海を漂流するようになる。戦争の記憶を高齢化以上に痛めつけているのが、ロシアのウクライナ侵攻、イスラエルのガザ市民殺戮に代表される世界情勢の悪化だろう。情勢が不安定になると、力には力で対抗するという意見が存在感を強める。

前のめりになる人々にとって、戦争の記憶は不都合な教訓である。危機感をあおり、無力化が図られる。力と力が激突した先に我々が生存していく道は残されているのか、という当たり前の問いは無視されがちになる。

この本は、こうした状況の悪化に逆に背中を押してもらったように思う。一人でも多くの人に戦争の実相を知ってもらい、戦争への防波堤になるものにしたい――。そんな考えにかられて、本の準備に取りかかった。

たった一冊の本で何を大げさな話をするのか、とお叱りを受けるのかもしれない。その通りだろう。しかし、我々が大事にしている民主主義にしても、個人の1票では何も変えられないが、1票が起点となって流れを作ることができれば、時代を変えることも不可能ではない。歴史の始まりはいつも1票である。

一番問題なのは、「私が何かしたところで、世の中は変わらない」と、未来にかかわることをあきらめ、その場の空気に運命を任せてしまうことだろう。戦争と沈黙、この唾棄すべき相性の良さを我々はその昔、嫌というほど思い知らされたはずだ。

戦争体験世代の減少が急速に進む中、我々がやるべきことは、そのままは無理であっても、戦争体験者の心を自らの心として引き継ぎ、その宝をまた次の世代へと継承していくことではないだろうか。戦争を起こすのは人間である。「あの戦争」も人間の所業だ。その行為に目を塞ぐことなく、関心を持ち続け、忘れないことを、これからも、これまで以上に続けていく必要がある。

防波堤をつくるには、飛び切りの材料が必要になる。議論を重ねるまでもなく、ノンフィクション作家の保阪正康さんのインタビューを柱にすることでまとまった。膨大な戦争証言をもとに昭和史を編み、戦争とは何かを問い続けてきた。今や、戦争の実相を語ることができる唯一無二に近い存在である。

保阪さんは１９３９（昭和14）年生まれ。今年で85歳。インタビューの冒頭、私から「本日の一言一言を我々が引き継いでいかなければならない『遺言』のように思っています」と申し上げた。年齢を考えれば、遺言という言葉遣いは相当に不適切だったのかもしれない。しかし、こちらの強い思いを伝えようと思った時に、他に適当な言葉は脳裏に浮かばなかった。

〈緒戦で米国艦隊に大打撃を与え、東南アジアの要衝を抑え戦争継続に必要な資源を確保する。米軍が反攻を開始する前に、米国民は戦争に嫌気が差す。日本の同盟国であるドイツがソ連に勝利し、米国と有利な条件で講和に持ち込む〉

日米の開戦前、日本側が描いていた展開である。希望の羅列に近いストーリーだ。軍部、官僚、民間の中堅、若手の精鋭を集めた「総力戦研究所」が行ったシミュレーションでも、開戦すれば必ず負けるという結論に至り、内閣に報告されていた。

それでも、日本は愚かな選択をした。それはなぜなのか、そこから保阪さんへの問いをスタートさせた。

要因としてよく挙げられるのは、軍部の独走である。総力戦研究所のシミュレーションも当時の東條英機陸相（後の首相）が「戦というものは計画通りにはいかない」と退けた経緯がある。（猪瀬直樹著『昭和16年夏の敗戦』）

しかし、保阪さんは、明治維新に遡って話を始めた。暴力で政権を握った明治政府であるだけにより強い暴力を求め、「強兵」を加速させ、結果として軍に頼る国家としての構造が出来上がってしまったという国の成り立ちを重視した。

日本は遅れてきた帝国主義国家である。政治で話がつかなければ軍事が出てくるという欧米の帝国主義と違って、資本主義の熟成過程を経ない日本の場合は、最初から軍事が出て行くところに大きな違いがあった。

そこから、戦争のビジネス化が進み、「商権」の拡大を求めて中国・満州に侵攻し、日本は国家を挙げて大きな戦争にひた走った。

インタビューを振り返って、保阪さんが指摘したかったのは、おそらく、戦争の背景にある大きな流れにもっと目をこらす必要があるということではないかと感じた。

明治、大正、昭和の日本は、国家の背骨のような大事なところに、戦争というものを大きく位置付けてしまった、それゆえに悲劇に至った。戦争をしやすくするために、全体主義を進め、治安維持法をはじめとした弾圧立法が整備された。対米開戦時には、戦争を止めるどころか歓喜の声をあげる世論が列島を支配した。

大河の流れを変えることは不可能ではない。しかし、流れが速く、大きくなるほど、その作業は困難を極める。日本のポイント・オブ・リターンはいくつもあった。だが、保阪さんの話を聞いていると、その岐路の一つ一つで流れを変えるような選択を日本はせず、やがて流れを変えようにもできなくなったことが分かる。

もう一つ、保阪さんにぜひとも聞きたかったのが、二度と戦争をしないためにどうすべきか、だった。米国が世界の秩序維持から手を引き始め、「Gゼロ」と呼ばれる状況が到来しつつある中で、日本は受け身でいることが許されなくなった。

ただ、日本はどういう国を目指すのかというイメージが確立できていない。日米同盟の必要性を否定するつもりはない。問題は、あらゆる領域、レベルで関係を強化する先の姿がどうなるかが明確ではないことである。

保阪さんは「明治から昭和の敗戦まで77年はひどいことをやりましたけど、戦後は戦争をしていない。それを踏み台にしながら論理を作れないか」と提案した。さらに、唯一の被爆国であることを単に叫ぶのではなく、そこから、哲学や思想を導き出すことの必要性を指摘した。

広島と長崎の原爆体験は人類が二度と繰り返してはならない惨禍である。ところが、安全保障の世界では、強大な核の力による脅威で他国に攻撃を思いとどまらせるという核抑止論を前に、被爆体験は風下に立たされがちだ。これでは、日本の体験は世界情勢の荒波にもまれ、漂流を続けるばかりである。

戦争を起こすのは人間である。しかし、戦争を絶対に許さないと努力できるのもまた、人間である。その脈絡で、保阪さんは「誰の話を聞きたいかって言ったら、結局、石橋湛山（元首相）になるかなと思う」と話した。

「湛山は帝国主義、大日本帝国主義というようなものに反対する。日本は海外に出て植民地など持つ必要がないと、経済的にそれは決してプラスにならないし、植民地にされた国の恨みとか歴史的怨念を背負うことになると早くから言っている」

湛山は戦前戦中、雑誌「東洋経済新報」で論陣を張ったジャーナリストであり、終戦後は衆院議員に転じ、戦後7人目の首相になった。湛山は戦前、海外の植民地を放棄する「小日本主義」を訴えた。そうした主張は時に「理想論」と片付けられるが、「植民地にされた国の恨み、歴史的怨念……」という視点に、今のグローバルサウスの国々の先進諸国への異議申し立てがダブる。日本の政治史を俯瞰し、湛山の先見性にもっと学ぶべき時だろう。

もう一つ、平成天皇（現上皇）との対話についても、触れておきたい。「満州事変、誰がどういうふうにして始めたんですか」と保阪さんらに質問され、1933（昭和8）年の本を見せられたとの証言は驚きだった。

満州事変は関東軍の謀略による侵略戦争である。1931（昭和6）年に発生した。ただ、その2年後に書かれた戦前の本に謀略の事実が書かれているはずはない。なぜ、正確な歴史が陛下に伝えられていないのか、疑問は膨らむばかりである。

平成天皇は、憲法に規定された象徴としての役割を自問し、戦争責任と向き合うことに一つの答えを見いだしたのではないかと考えている。その慰霊の姿は、国民に対し、あの戦争とは何だったのかを考えさせる機会を与え、記憶の風化を押しとどめる役割を果たしてきた。その姿勢の基礎をなす知識については、万が一にも脚色も不足もあってはならないと考えるべきだろう。

戦争は国民に悲しみとつらさ、犠牲だけを強いる。そこでは、大事な命が呼吸するようにすり潰される。一人一人がどういう人生を歩み、家族、友人にとってどれほどかけがえのない存在であるかは小指の先ほども考慮されない。

理想よりも現実の方が力を持っている世界がある、との指摘を耳にする。安全保障の世界では正直、うなずかざるを得ない。しかし、未来をあきらめ、努力を怠った先に現れるのは想像したくもないディストピアだろう。

自分たちは何を大切にしていくのか。この国は何を守っていくのか。このことを常に問い直す思考のきっかけにこの本がなれば幸いである。

この本は昨年、東京・神保町の行きつけの秋田料理屋で、毎日新聞の同僚である砂間裕之と私が、晶文社の太田泰弘社長と偶然お会いしたのがきっかけになった。砂間の「証言でつづる戦争」の復刻への思いを太田氏にはしっかりと受け止めていただいた。この出会いがなければ、本書は生まれなかった。太田氏に厚くお礼を申し上げる。

今回の出会いでは、新文化通信社の丸島基和社長にもご縁を得た。丸島氏にはその後、出版不況といわれる状況の中で、本づくりのあり方から販売展開など、多くの有益な提案を頂戴した。深い感謝の思いをお伝えしたい。

この本はもともと、2024年4月の発売を目指していた。しかし、原稿は遅れ、担当の川崎俊晶文社副社長には辛抱強く併走していただいた。記して謝意にかえたい。

保阪氏のインタビューは、毎日新聞学芸部専門記者の栗原俊雄に全体の編成をお願いした。栗原は日本の近代史、戦後補償史を専門分野とし、保阪氏のコラムなどを担当した経験がある。7時間に及ぶインタビューの取りまとめは、栗原の知識、編集力なくしてはここまでの形にならなかった。御礼の言葉しかない。

岸田文雄首相はワシントンでバイデン米大統領と会談し、安全保障分野を中心に日米がより一体的に対処する姿勢を明確にした。そのニュースを複雑な思いで聞きながら。

毎日新聞社主筆　前田浩智

2024年4月

著者について
砂間裕之（すなま・ひろゆき）
1985年、毎日新聞社入社。大津支局、奈良支局、大阪本社社会部などで、主に医療をテーマにした調査報道や文化財報道などに携わった。その後、大阪、東京両本社の人事部長や大阪本社社会部長、大阪、東京の編集局長を歴任。その間、戦後60年報道や戦後70年報道に取り組んだ。執行役員編集編成担当を経て、現在は取締役常務執行役員。埼玉県出身。

前田浩智（まえだ・ひろとも）
毎日新聞社主筆。1960年北海道生まれ。93年に毎日新聞社の政治部記者となり、当時の森喜朗自民党幹事長を担当。首相官邸、自民党、公明党、厚生労働省、外務省などを受け持ち、細川護熙政権以降の中央政界を取材した。小泉純一郎政権では首相官邸キャップ。政治部長、編集編成局次長、論説委員長を歴任し、2021年から主筆。日本記者クラブ理事長も務める。

未来《みらい》への遺言《ゆいごん》
いま戦争を語らなきゃいけない

2024年7月15日初版

著　者　砂間裕之　前田浩智

発行者　株式会社晶文社
東京都千代田区神田神保町1-11　〒101-0051
電話（03）3518-4940（代表）・4943（編集）
URL https://www.shobunsha.co.jp

印刷・製本　中央精版印刷株式会社

ISBN978-4-7949-7430-3　Printed in Japan